교육학

핵심주제

심화1편　2025 개정판

백개를

신과 함께

김 신 편저

· 최근 15년 7급 · 9급 공무원 및 유초중등 임용
· 기출문제 250제 완벽 분석

드리는 말씀

이 책의 페이지는 100페이지에 불과하나

그 내용은

2,500년간의 교육학

1,000권의 교육학 도서

2,000문제의 공무원 5급, 7급, 9급, 유・초등 및 중등 임용시험의 내용 중

정수 중에 정수만을 담아내려 노력하였습니다.

앞으로도 수험생 여러분들의

고득점을 위해

단기합격을 위해

백가지 핵심주제만 선별하여 제공하겠습니다.

아리스토텔레스는 '훌륭한 사람이 훌륭한 행동을 하는 것이 아니다.

훌륭한 행동을 하는 사람이 훌륭한 사람이 된다.'고 하셨습니다.

지능이 뛰어난 사람이 합격하는 것이 아닙니다.

하루하루 단 1시간이라도 최선을 다하는 사람이 합격할 것입니다.

수험생 여러분의 그 1시간의 소중함을 알고 저 또한 최선을 다하겠습니다.

수험생 여러분의 합격을 기원합니다.

끝으로 이 책이 나오기까지 도움을 주신 출판사 대표님과 실장님 및 모든 분들께 감사의 마음을 전합니다.

김 신 올림

교재의 특징

1. 최근 15여년 7 · 9급 초중등 임용 기출문제 완벽 분석

모든 시험에서 고득점을 달성하기 위해서는 기출문제에 대한 철저한 분석이 필요하며, 좋은 문제를 풀어보는 훈련이 필요합니다. 기출문제는 현존하는 가장 좋은 문제입니다.

본 교재는 7 · 9급 초중등 임용 기출문제와 관련된 이론과 9급 국가직 및 지방직 공무원 교육학 개론 시험에 대한 기출경향을 철저하게 분석하였습니다.

2. 심화주제 100선

심화 백신 교재는 최근 15년간 기출문항의 주요 핵심내용과 심화내용을 엄선하여 고득점을 위한 필요한 내용만을 선정하였습니다. 교육학의 전체 내용은 방대하지만 주요 내용을 심층적으로 학습할 필요가 있습니다. 교육행정업무에 필요하고 기본적인 역량을 물어보는 시험입니다. 심화주제 (상) 100선을 통해 교육학의 심화내용 및 구조를 학습한다면 단기간에 고득점을 받을 수 있다고 확신합니다.

3. 교재이용 방법

- 1단계: 역대 기출 출제 경향을 통해 교육학 구조와 심층내용 파악
- 2단계: 출제 경향을 통한 핵심 및 심화 내용 학습
- 3단계: 기출문제 풀이
- 4단계: 필수 키워드 암기

목차

I 교육과정

1) 스펜서(H. Spencer): 현대 교육과정 논의의 시작

① 1860년에 「교육론: 지, 덕, 체(Education: Intellectual, Moral, and Physical)」라는 저서를 통해 대학준비의 고전교육을 비판
② 교육의 목적을 어떻게 하면 개인과 사회에게 행복을 위한 완전한 삶(complete living)을 살 수 있도록 준비시킬 것인가에 두어야 한다고 주장
③ 근대 과학의 연구 성과를 교육과정 논의에 적용
④ 학교에서 가르칠 가치가 있는 지식에 대해 우선순위를 정하면서, 개인적 기호와 취미를 만족시키는 여가 활동에 관한 지식을 최하위에 두었다.
⑤ 직접적인 자기 보존에 기여하는 활동을 가장 가치 있는 지식: 과학 교과

2) 보빗(F. Bobbitt)의 교육과정 구성법: 과학적 교육과정(활동분석법)

① 테일러(W. Taylor)의 과학적 관리 방법 영향
② Bobbitt은 「교육과정」 출간한 지 6년 후인 1924년에 출판한 「교육과정 구성법(Hous to Make a Curricuitem)」에서 과학적 교육과정 구성법을 소개하고 있다.
③ 이상적인 성인들의 활동을 분석한 자료에 근거
④ 직무분석을 통한 교육과정 개발을 주장
⑤ 원만한 성인 생활을 영위하는 데 필요한 준비로서의 교육을 주장

3) 차터스(Charters)의 활동분석법: 이상과 활동

① 교육과정이 이상과 활동으로 구성되어야 한다.
② 이상을 관찰 가능한 결과를 지닌 목표로 간주
③ 교사는 이상이 적용되는 활동을 분석한다.
④ 보빗(F. Bobbitt)과 달리 차터스(Charters)는 교육과정 구성방법에서 지식에 대해 관심

Keyword

001 교육과정 학자와 그의 업적이 잘못 연결된 것은? (06 중등)

① 타바(H. Taba): 귀납적 탐구 과정과 교육과정 개발에서 교사의 역할을 강조하였으며 사회과의 '단원'구성법을 제시하였다.
② 보빗(F. Bobbitt): 과학적 관리에 기초한 활동 분석법을 활용하여 교육목표를 설정하였고, 전문가에 의한 교육과정 개발을 강조하였다.
③ 워커(D. Walker): 교육 수요자의 요구 분석에 기초하여 교육목표를 설정하고, 체계적 절차를 따르는 교육과정 개발 모형을 제안하였다.
④ 스펜서(H. Spencer): 근대 과학의 연구 성과를 교육과정 논의에 적용하였고, 실생활을 향상시키는 데 기여하는 지식의 우선순위를 정하였다.

002 〈보기〉는 예술 교육의 가치에 대한 서로 다른 입장이다. (가)와 (나)에 들어 갈 학자는? (08 초등)

• (가)은(는) 학교에서 가르칠 가치가 있는 지식에 대해 우선순위를 정하면서, 개인적 기호와 취미를 만족시키는 여가 활동에 관한 지식을 최하위에 두었다.
• (나)은(는) 학교교육이 언어 논리나 수리력만 강조함으로써 창의력 신장이나 인성 함양에 지장을 가져왔다고 보고, 다양한 표현형식을 제공하는 예술이 교육과정에서 중요하게 취급되어야 한다고 주장하였다.

	(가)	(나)
①	스펜서(H. Spencer)	블룸(B. S. Bloom)
②	스펜서(H. Spencer)	아이즈너(E. W. Eisner)
③	허스트(P. Hirst)	블룸(B. S. Bloom)
④	허스트(P. Hirst)	아이즈너(E. W. Eisner)

003 보빗(Bobbitt)의 교육과정이론에 대한 설명으로 옳지 않은 것은? (21 7급)

① 교육에 과학적 관리기법을 적용하였다.
② 원만한 성인생활을 영위하는 데 필요한 준비로서의 교육을 주장하였다.
③ 직무분석을 통한 교육과정 개발을 주장하였다.
④ 아동의 흥미와 요구를 중심으로 교육과정을 구성할 것을 주장하였다.

1) 교과중심 교육과정: 전통, 교사, 체계

① 교과중심 교육과정은 문화유산의 전달을 목적으로 하는 내용을 논리적으로 체계화하여 교과로 분류한다.
② 교사 중심의 강의식 수업을 중시한다.
③ 교과 학습에서 흥미가 없는 교과라도 학습자의 노력이 중시

> * 형식도야 이론(formal discipline theory): 교과 설정의 근거에 대한 역사상 최초의, 또 가장 오랫동안 받아들여 온
> 이론
> ① 교과는 지각 · 기억 · 추리 · 감정 등과 같은 몇 가지 기본적인 정신 기능을 개발하는 수단
> ② 능력심리학에 근거하여 심근(心筋) 단련을 위한 수단으로 교과를 강조한다.
> ③ 교과를 가르치는 방법으로 훈련과 반복을 강조하고 일반적 전이를 가정한다.

2) 경험중심 교육과정: 경험, 아동, 흥미

① 학생의 관심과 흥미 중시, 경험하면서 배운다(learning by doing).
② 학습자의 삶과 관련이 있는 다양한 경험을 주된 교육내용으로 삼는다.
③ 반성적 사고를 통한 문제해결 강조, 프로젝트 학습과 협동학습 강조
④ 교육내용을 학생과 환경 간의 상호작용으로 이해
⑤ 교육과정은 사전에 계획되는 것이 아니라 교육의 과정에서 생성되는 것

> * 듀이(J. Dewey)의 경험(Experience) 이론
> ① 성장과 습관의 의미가 교육적 과정으로 해석되어야 한다.
> ② 교과의 논리와 학습자의 심리가 동시에 고려되어야 한다.
> ③ 계속성(continuity)과 상호작용(interaction)의 원리를 강조한다.
> ④ 듀이(J. Dewey)의 저서: 「민주주의와 교육」, 「아동과 교육과정」, 「경험과 교육」

Keyword

004 다음의 교육과정 관점에 대한 설명으로 옳지 않은 것은? (11 중등)

> 인간의 정신은 몇 개의 능력들(faculties)로 이루어져 있고, 이 능력들을 단련
> 하는 데에는 거기에 적합한 교과가 있다. 교과교육에서 무엇을 기억하고 추
> 리하느냐가 중요한 것이 아니고, 기억되고 추리되는 내용이 무엇이든지 간
> 에 그것을 기억하고 추리한다는 점이 중요하다. 따라서 교과는 인간의 정신
> 을 도야하는 가치에 따라 그 중요성이 결정되며, 정신능력들을 도야하는 데
> 적합한 교과들을 학교에서 가르쳐야 한다.

① 교과 학습에서 흥미가 없는 교과라도 학습자의 노력이 중시된다.
② 교과 내용의 가치를 개인 생활의 의미와 사회적 유용성에서 찾는다.
③ 교과의 중요성은 구체적인 내용에 있기보다는 내용을 담는 형식에 있다.
④ 능력심리학에 근거하여 심근(心筋) 단련을 위한 수단으로 교과를 강조한다.
⑤ 교과를 가르치는 방법으로 훈련과 반복을 강조하고 일반적 전이를 가정한다.

005 〈보기〉의 형식도야론(Formal Discipline Theory)에 관한 설명 중, 옳은 것끼리
묶인 것은? (05 중등)

> ㄱ. 실용적 기능에 의하여 교과의 가치가 판단된다.
> ㄴ. 과학적 심리학의 출현으로 그 타당성이 입증되었다.
> ㄷ. 능력심리학(faculty psychology)에 이론적 기반을 둔다.
> ㄹ. 재미없고 어려운 교과를 힘들여 공부하는 이유를 정당화한다.

① ㄱ, ㄴ　　　② ㄱ, ㄹ　　　③ ㄴ, ㄷ　　　④ ㄷ, ㄹ

006 다음 내용을 모두 포괄하는 이론은? (05 중등)

> • 성장과 습관의 의미가 교육적 과정으로 해석되어야 한다.
> • 교과의 논리와 학습자의 심리가 동시에 고려되어야 한다.
> • 계속성(continuity)과 상호작용(interaction)의 원리를 강조한다.

① 로크(J. Locke)의 경험론(Empiricism)
② 듀이(J. Dewey)의 경험(Experience) 이론
③ 가다머(H.-G. Gadamer)의 해석적 경험(Hermeneutic Experience) 이론
④ 오크쇼트(M. Oakeshott)의 경험의 양상(Experience and Its Modes) 이론

1) 학문중심 교육과정: 교과(지식)의 구조, 발견학습, 나선형 교육과정

① 지식의 구조: 각 교과가 모태로 삼고 있는 학문 분야의 기본적인 아이디어나 개념 및 원리(표현방식의 다양성, 경제성, 생성력)

② 표현방식의 다양성: 지식의 구조는 표현되는 방식이 다양하기 때문에 의미롭다. Bruner에 따르면, 어떤 영역의 지식도 작동적·영상적·상징적 형태로 표현 가능하다.

③ 발견학습이란 학습자에게 학습내용을 최종형태로 제공하는 것이 아니라 학습자가 능동적인 탐구의 과정을 통해 최종 결과물(기본 개념이나 원리 등)을 발견하는 학습을 의미한다.

④ 학습의 계열화: 나선형 교육과정(계속성, 계열성)

> * 브루너(J. Bruner)의 변화된 입장: 이야기 만들기로서의 내러티브
> ① 서사체를 말하며 하나의 이야기, 이야기는 사건들로 구성된다.
> ② 내러티브는 의미를 구성하는 방식이다.
> ③ 내러티브는 인간 경험을 구조화하는 일종의 틀이다.
> ④ 질적연구로서의 내러티브 탐구는 살아 있고 구술된 이야기로서 경험을 이해하는 것

Keyword

2) 인간중심(인본주의)교육과정(The Humanistic Curriculum): 자아실현, 전인교육

① 인간중심 교육 운동 등장의 직접적 배경은 1950~60년대 학문 중심 교육과정과 행동주의 심리학이나 인간중심 교육 운동을 지지하는 사람들은 학문 중심 교육과정과 행동주의 학습관이 교과를 도구로 하여 인지발달만을 왜곡되게 추구한다고 비판하였다.

② 교육의 궁극적인 목표는 인간적 성장, 인격적 통합, 자율성 등의 이상을 추구하는 데 있다.

③ 교육을 삶 그 자체로 간주하고 학생의 정서를 중시한다.

> * 홀리스틱(holistic) 교육과정: Ron Miller
> ① 개인을 초월하여 가족, 이웃, 사회, 자연, 지구, 우주 등 모든 존재가 서로 연관되어 있기 때문에 개인이 병들면 가족이 병들고 이웃, 사회, 자연이 병들고 지구가 병든다고 보는 홀리스틱 접근법(holistic approach)이 등장하기 시작했다.
> ② 홀리스틱 교육에서 중요시하는 점은 생명인데, 인간의 신비한 생명은 육체, 마음, 지성뿐만 아니라, 대자연 세계의 모든 생명과도 깊은 관계를 맺고 있는 것이다.
> ③ 그러므로 인간의 생명은 물론이거니와 지구 공동체의 생명권이 철저히 연관되어 있다는 깨달음을 추구하는 일이 필요하다.
> ④ 인간과 지구상의 모든 생명이 서로 공존하고 의지하여 조화를 이룰 때, 우리 인간 개개인의 행복과 지구 공동체의 행복이 심원한 곳에서 모두 연관되어 일치하게 된다.

---

007 ⟨보기⟩와 같은 특징을 지닌 교육과정은? (06 중등)

> • 과학교과에서는 초등학교에서 배운 광합성의 원리를 중등학교에서도 심화·반복한다.
> • 경제 단원에서 자원의 희소성, 수요와 공급 등의 기본 개념과 원리를 교과 구조 속에서 강조한다.
> • 교사가 결과적 지식을 먼저 제시하기보다 학생들로 하여금 탐구과정을 통해 일반화된 원리를 발견하게 한다.

① 인간중심 교육과정   ② 학문중심 교육과정
③ 생활중심 교육과정   ④ 경험중심 교육과정

008 인본주의 교육과정(humanistic curriculum)의 관점과 관련이 깊은 것을 ⟨보기⟩에서 모두 고른 것은? (11 중등)

> ㄱ. 개인의 잠재적 능력 계발과 자아실현을 지향한다.
> ㄴ. 사회가 요구하는 직업 능력을 갖춘 사회 구성원 양성을 주 목적으로 한다.
> ㄷ. 교사와 학습자 간의 관계에서 존중, 수용, 공감적 이해를 중시한다.
> ㄹ. 대표적인 학자로 메이거(R. Mager), 마자노(R. Marzano) 등이 있다.

① ㄱ, ㄷ   ② ㄴ, ㄷ   ③ ㄴ, ㄹ
④ ㄱ, ㄴ, ㄹ   ⑤ ㄱ, ㄷ, ㄹ

⑴ 교육에 대한 긴급조치기(1945~1946): 우리말 중심의 국어과 개설, 일본 역사 폐지

⑵ 교수요목기(1946~1954): 교과서 편찬(주제를 열거하는 정도)

⑶ 제1차 교육과정(1954~1963): 교과중심교육과정, 우리나라 최초의 체계적 교육과정

⑷ 제2차 교육과정(1963~1973): 경험(생활)중심교육과정

⑸ 제3차 교육과정(1973~1981): 학문중심교육과정

⑹ 제4차 교육과정(1981~1987): 인간중심교육과정, 통합교육과정 개념 도입

⑺ 제5차 교육과정(1987~1992): 인간중심교육과정유지, 통합교육과정 확대

⑻ 제6차 교육과정(1992~1997): 교육과정 결정의 분권화, 지역과 학교의 재량권 확대

⑼ 제7차 교육과정(1997~2007): 수요자 중심(학습자 중심)교육과정, 수준별 교육과정

⑽ 제7차 개정 교육과정(2007~2013): 수요자 중심(학습자 중심)교육과정, 수준별 수업

⑾ 2009년 개정 교육과정(2011~2015): 창의적 체험활동, 집중이수

⑿ 2015개정 교육과정(2017~2022): 역량중심 교육과정(① 자기관리 역량, ② 지식정보처리 역량, ③ 창의적 사고 역량, ④ 심미적 감성 역량, ⑤ **의사소통 역량**, ⑥ 공동체 역량)

⒀ 2022 교육과정(2022~현재): 역량중심 교육과정(① 자기관리 역량, ② 지식정보처리 역량, ③ 창의적 사고 역량, ④ 심미적 감성 역량, ⑤ **협력적 소통 역량**, ⑥ 공동체 역량)

Keyword

009 제7차 교육과정에서는 단위학교에서 학교 교육과정을 편성·운영하도록 하고 있다. 이에 따라 변화될 학교 교육의 모습으로 가장 적절하지 않은 것은? (02 중등)

① 교육과정 전문가로서 교사의 역할이 강화된다.
② 학교의 특성을 충분히 살려 다양한 교육을 실천할 수 있다.
③ 교사, 교과서 중심의 교육이 학생, 교육과정 중심의 교육으로 전환하게 된다.
④ 학교는 국가 교육과정의 틀과 통제에서 벗어나 교육과정을 자율적으로 운영할 수 있다.

010 우리나라에서 '시·도 교육청 교육과정 편성·운영지침' 작성권이 시·도 교육청에 부여된 시기는 언제부터인가? (02 중등)

① 제3차 교육과정기   ② 제4차 교육과정기
③ 제6차 교육과정기   ④ 제7차 교육과정기

011 시기별 교육과정의 특징에 대한 설명으로 바르지 않은 것은? (06 초등)

① 제2차 교육과정은 '경험 중심 교육과정'을 표방하였다.
② 제3차 교육과정은 '인간 중심 교육과정'을 표방하였다.
③ 제6차 교육과정은 '교육과정 결정의 분권화'를 표방하였다.
④ 제7차 교육과정은 '학생 중심 교육과정'을 표방하였다.

012 다음에서 알 수 있는 우리나라 교육과정 변천과정의 경향은? (04 초등)

> • 초등학교 사회과에서 지역별 교과서를 개발하도록 하고 있다.
> • 시 도 교육청에 교육과정 편성 운영 지침 작성권을 부여하고 있다.
> • 학교의 실정이나 학생의 요구에 따른 교육과정을 편성 운영할 수 있도록 하고 있다.

① 교육과정 결정의 분권화   ② 교육과정 결정의 구조화
③ 교육과정 결정의 표준화   ④ 교육과정 결정의 집중화

1) 공식적 교육과정(formal curriculum)

① 공적 문서 속에 기술되어 있는 교육계획으로서의 교육과정이다.

② 공식적 교육과정은 사전에 계획되고 실천 및 평가가 가능한 교육과정이다.

③ 교육과정의 가장 일반적인 모습이며 '교육과정은 교과목 혹은 해당 교과의 내용이다.'의 정의와 잘 부합하는 교육과정이다.

2) 잠재적 교육과정(latent curriculum): 잭슨(P. Jackson)

① 공식적 교육과정에서 의도하지 않았으나 학생들이 은연중에 배우게 되는 경험된 교육과정이다.

② 잠재적 교육과정은 공개적으로 가르치거나 다루어지지 않았지만 수업분위기, 학급문화, 학교의 관행 등으로 학생이 은연중에 배우거나 경험한 것들이다. (군집성, 상찬, 권력구조)

③ 주로 정의적인 영역이나 학교풍토와 관련된다.

④ 사례: 수업시간에 배운 한자를 30번씩 써 오라는 숙제 때문에 한문을 싫어하게 되었다.

3) 잠재적 교육과정(hidden curriculum): 애플(M. Apple), 지루(H. Giroux)

① 잠재적 교육과정의 부정적인 현상은 학교교육의 우연적인 결과라기보다는 누군가에 의해 고의적으로 '의도'된 것이라는 시각

② 특정한 의미나 실천은 학교 공식적인 지식으로 선택되어 강조되고, 다른 의미나 실천은 무시되거나 배제된다.

③ 잠재적 교육과정을 통해 학생들에게 삶의 기본 규칙, 즉 정당성이나 합법성을 가르친다.

4) 잠재적 교육과정(hidden curriculum): 두 가지 측면

① 학교교육의 부수적 기능: 잭슨(무리짓기, 칭찬하기, 학교권력), 드리븐(사회화 기능: 독립심과 성취감), 김종서(물리적 조건, 제도 및 행정 조직, 사회 및 심리적 상황)

② 학교교육의 숨겨진 기능: 일리치(세뇌, 소외), 볼스와 긴티스(자본주의 사회유지), 애플(헤게모니), 지루(대항 헤게모니)

Keyword

---

013 다음과 관련된 교육과정은? (20 지)

- 교실풍토의 영향
- 잭슨(Jackson)
- 군집, 상찬, 평가 등이 학생의 삶에 미치는 영향
- 학생에게 무(無)의도적으로 전달되는 교육과정

① 공식적 교육과정　　　② 영 교육과정

③ 잠재적 교육과정　　　④ 실제적 교육과정

014 잠재적 교육과정에 대한 설명으로 옳지 않은 것은? (15 7급)

① 잠재적 교육과정은 주로 정의적 영역과 관계가 있다.

② 학교 환경과 교육활동을 의도적으로 조직·통제하는 행위와 결과는 포함되지 않는다.

③ 표면적 교육과정과 상호 조화될 때 교육효과는 더욱 높아진다.

④ 학교에서의 상과 벌, 평가, 사회적 관행 등이 잠재적 교육과정을 형성한다.

015 잠재적 교육과정을 설명하는 사례로 가장 적절한 것은? (06 중등)

① 계발활동에서 문예반을 선택하여 소설을 읽고 현대 소설의 특징을 이해하였다.

② 냉전시대 공산주의 국가에서는 시장 경제 체제의 장점을 제대로 가르치지 않았다.

③ 수업시간에 배운 한자를 30번씩 써 오라는 숙제 때문에 한문을 싫어하게 되었다.

④ 국어시간에 일제 강점기 독립운동에 기여한 문학 작품을 조사하고 각각의 특징을 기술하였다.

1) 영(null) 교육과정: 아이즈너(E. Eisner)

① 교육적 가치가 있음에도 불구하고 공식적 교육과정에서 배제된 교육과정

② 'null'은 '없다'는 의미이다. 따라서 영 교육과정은 '없는' 교육과정이다.

③ 당연히 발생해야 할 학습경험이 학교의 의도 때문에 일어나지 않은 것

④ 영 교육과정은 학교에서 공개적으로 가르치지 않거나 소홀히 다루어지는 교과지식, 사회양식, 가치, 태도, 행동양식 등을 일컫는다.

⑤ 중요한 것은 교육과정에서 배제되고 학습되지 않음으로써 학생들은 대안적 사고와 선택을 하지 못하고 편향되고 경직될 수 있다.

⑥ 아이즈너는 '영 교육과정을 새롭게 조명하여 공식적 교육과정을 더 풍성히 할 것'을 제안하였다.

⑦ 그의 말은 공식적 교육과정을 부정하는 것이 아니라 가치있는 영 교육과정을 발굴하자는 의미다.

2) 영 교육과정의 사례

① 일본의 역사교과서에서 한국 침략 내용을 의도적으로 배제

② 학교 교육과정에서 직관적 사고가 소홀히 다루어진다.

③ 진화론은 가르치나, 성경의 창조론은 배제

3) 영 교육과정의 내용선정 기준

① 학교가 설정한 교육목표에 부합하고(조건 1)

② 학습자에게 가르칠 만한 가치가 있는 내용(조건 2)

③ 학교가 가르치지 않아 학습자가 배울 기회를 갖지 못하는 것(조건 3)

4) 영 교육과정의 두 가지 측면

① 학교가 강조하는 지적과정과 학교가 무시하는 지적과정

② 학교 교육과정에서 가르치고 있는 내용이나 교과영역과 가르치고 있지 않는 내용이나 교과영역

Keyword

016 다음 내용과 가장 밀접하게 관련된 개념은? (11 7급)

> • 의도적으로 배제된 교육내용
> • 대중문화
> • 아이즈너(E.W.Eisner)의 주장

① 잠재적 교육과정   ② 영 교육과정

③ 묵시적 교육과정   ④ 재개념주의

017 다음의 현상을 설명하는 데 가장 적합한 교육과정 유형은? (02 중등)

> • 일본의 역사교과서에서 한국 침략 내용을 의도적으로 배제
> • 진화론은 가르치나, 성경의 창조론은 배제
> • 사회과 교과서에서 사회적 약자에 대한 논의 배제

① 영 교육과정(Null Curriculum)

② 공식적 교육과정(Formal Curriculum)

③ 잠재적 교육과정(Latent Curriculum)

④ 교사배제교육과정(Teacher-Proof Curriculum)

018 〈보기〉에 제시된 A교사의 생각을 가장 잘 설명해주는 교육과정은? (03 초등)

> A교사는 평소 학교교육에서는 예능 교과가 그 중요성에 비해 소홀히 다루어지고 있다고 생각한다. 지적 기능 못지 않게 중요한 감성은 음악이나 미술 교과를 통해서 잘 계발될 수 있으나, 학교에서는 수업시수가 적어 많은 내용이 가르쳐지지 않고 배제되고 있다는 것이다.

① 영 교육과정   ② 중핵 교육과정

③ 융합 교육과정   ④ 상관 교육과정

1) 목표중심 교육과정 개발: 타일러(R. Tyler)

Keyword

목표 선정시 고려사항 5가지
① 학습자 ② 현대사회 ③ 교과전문가
잠정적 목표 설정
④ 교육철학 ⑤ 교육심리
1. 교육목표: 학생이 성취해야 할 행동 그리고 삶의 내용 또는 영역이 포함
2. 학습경험: 교육목표에 기초하여 교육경험 학습경험을 선정 조직해야 한다.
   (1) 학습경험선정: 기회, 만족, 가능성, 일목표 다경험, 일경험 다성과, 타당성
   (2) 학습경험조직: 계속성, 계열성, 통합성
3. 평가

2) 목표 설정: 학교가 달성해야 할 교육목표는 무엇인가?

타일러는 교육목표를 설정할 때, 먼저
① 학습자 연구 – '필요(need)와 흥미': 학습자 연구가 교육목표 설정의 기초 자료인 이유는 교육기관이 의도하는 학생들의 행동 변화가 중요한 교육목적이기 때문이다.
② 학교 밖의 현대사회 연구 – 개인이 사회에 적응하고 사회가 요구하는 인간상을 배출하기 위해서 학교와 사회는 밀접한 관계, 학습의 전이: 학교에서 배운 것을 실제 사회에서 응용해 보고 연습할 수 있는 기회를 많이 얻었을 경우에 쉽게 사회생활에 연계
③ 교과 전문가들의 교과내용 제안을 검토 – 교과의 기능이나 공헌도 제안, 잠정적인 목표를 선정
④ 교육철학 – 이상적 삶과 사회, 물질과 정신, 민주주의 등에 관한 철학적 가치 판단
⑤ 학습심리 – (학습심리학의 관점에서 재검토, 학습가능성, 학습 조건, 방법)
   일관성 있는 목표를 설정할 것을 주장하였다.

```
                 사회의              교육철학
                 요구               (제1의 체)
                   │                   │
 학습자의  잠정적 목표   잠정적   목표 거름체   구체적    학습경험   학습경험   학습성과
 요구  ─  설정 자원  ─  목표   ─ (screen)  ─ 목표달성 ─  선정   ─   조직   ─  평가
         (source)                  │
                   │               │
                 교과              교육심리학
                 전문가의           (제2의 체)
                 견해
```

019 타일러(Tyler)가 개념화시킨 교육과정 개발의 네 가지 단계에 해당하지 않은 것은? (12국)

① 지식의 구조　　　　　　② 학습경험의 선정
③ 교육목표　　　　　　　④ 학습자평가

020 <보기>는 타일러(R. Tyler)의 교육목표 설정 절차에 대한 것이다. 그 순서가 올바른 것은? (17 지)

ㄱ 잠정적인 교육목표를 진술한다.
ㄴ 교육철학과 학습심리학이라는 체에 거른다.
ㄷ 학습자, 사회, 교과의 세 자원을 조사·연구한다.
ㄹ 행동의 변화를 명시한 최종 교육목표를 진술한다.

① ㄱ, ㄴ, ㄷ, ㄹ　　　　　② ㄱ, ㄷ, ㄴ, ㄹ
③ ㄷ, ㄱ, ㄴ, ㄹ　　　　　④ ㄷ, ㄴ, ㄱ, ㄹ

1) 목표중심 교육과정 개발: 타일러(R. Tyler)

Keyword

1. 교육목표: 학생이 성취해야 할 행동 그리고 삶의 내용 또는 영역이 포함
2. 학습경험: 교육목표에 기초하여 교육경험 학습경험을 선정 조직해야 한다.
   (1) 학습경험 선정: 기회, 만족, 가능성, 일목표 다경험, 일경험 다성과, 타당성
   (2) 학습경험 조직: 계속성, 계열성, 통합성
3. 평가

2) 경험 선정: 그러한 교육목표를 달성하기 위하여 제공되어야 할 교육 경험은 무엇인가?

교육목표 설정 후 해당 목표를 달성하기 위한 적절한 교육 경험이 제공되어야 한다. 그가 제시한 교육 경험 선정의 일반적 원칙은 다음과 같다.

① 기회의 원칙: 교육목표를 달성할 기회가 보장되도록 경험 선정
② 만족의 원칙: 학생의 흥미, 필요와 합치되도록 경험 선정
③ 학습가능성의 원칙: 학습자의 발달단계에 맞는 경험 선정
④ 일목표 다경험의 원칙: 다양한 학습경험으로 교육목표를 달성할 수 있도록 함
⑤ 일경험 다성과의 원칙: 하나의 경험을 통하여 여러 성과를 거둘 수 있도록 계획
⑥ 타당성의 원칙: 교육내용이 목표 달성에 도움이 되도록 선정

3) 경험 조직: 이들 교육경험을 효과적으로 조직하는 방법은 무엇인가?

효과적인 수업을 위해 학습경험을 어떻게 조직할까? 타일러는 학습경험의 조직 원칙으로 계속성, 계열성, 통합성을 제시하였다.

① 계속성(continuity): 주된 교육과정 요소들을 수직적으로 반복하는 것, 동일 내용이나 영역을 수준을 높여가며 반복함으로써 학생이 해당 부분을 이해할 수 있도록 조직하는 것이다.
② 계열성(sequence, 위계성): 각각의 계속적인 경험을 선행하는 경험 위에 세우지만 포함된 내용이 좀 더 깊게 진행되도록 하는 데 따른 중요성 강조, 학습 내용을 학년이 올라갈수록(시간) 폭과 깊이가 확대·심화되게 조직하는 것이다. 이때 학습자의 발달 수준과 교과의 내용 수준을 고려한다.
③ 통합성(integration): 교육과정 경험의 수평적 관계, 교육 경험의 조직은 교육 경험이 학생들로 하여금 점차로 통합된 견해를 갖도록 도와주고, 다루었던 요소들과 관련해서 학생의 행동을 통합시키도록 도와주는 것이 되어야만 한다. (예 수학, 상점 계산을 통해 사회, 과학 등 생활 능력)

---

021 〈보기〉의 (가), (나), (다)를 타일러(R. Tyler)가 제안한 학습 경험 선정의 일반적 원리와 짝지은 것으로 가장 적절한 것은? (12 초등)

> (가) 학습활동을 선택할 때는 여러 가지 목표를 동시에 달성하는 데 도움이 되는 활동을 선택하도록 한다.
> (나) 한 가지 교육목표를 달성하는 데는 여러 가지 활동이 있으므로 다양한 학습활동을 선정하도록 한다.
> (다) 특정 교육목표를 달성하기 위해 그 목표 달성에 필요한 활동을 학습자 스스로 해볼 수 있도록 한다.

	(가)	(나)	(다)
①	만족의 원리	기회의 원리	다성과의 원리
②	기회의 원리	만족의 원리	가능성의 원리
③	다경험의 원리	가능성의 원리	만족의 원리
④	가능성의 원리	다성과의 원리	다경험의 원리
⑤	다성과의 원리	다경험의 원리	기회의 원리

022 타일러(Tyler)가 제시한 학습경험을 효과적으로 조직하는 원리에 해당하지 않는 것은? (20국)

① 계열성의 원리　　　　② 유용성의 원리
③ 계속성의 원리　　　　④ 통합성의 원리정답

1) 타일러의 교육과정 개발 논리에 대한 평가

① 처방적, 연역적, 직선적 모형: 타일러의 논리는 교육과정 개발자들이 따라야 할 절차를 제시한다는 점에서 처방적이며, 목표가 먼저 제시된다는 점에서 연역적이며, 목표에서 평가로 순차적으로 진행된다는 점에서 직선적 모형이다.

② 교과, 학습자, 사회에 대한 균형된 관점: 타일러의 논리는 교과, 학습자, 사회에 대한 균형된 관점을 지니고 있다. 하지만 타일러의 논리를 비판하는 사람들은 그의 논리가 정치적, 사회적, 경제적 조건보다 교육과정과 교수학습의 합리성만을 지나치게 강조하였다고 비판한다.

③ 합리적, 논리적 모형: 타일러의 논리는 합리적인 것으로 평가된다. 그래서 어떤 교과나 수업수준에서도 활용될 수 있는 폭넓은 유용성을 지닌다.

④ 평가영역의 확대: 타일러는 당시 지배적인 평가방법인 지필평가 이외에 포트폴리오 평가 같은 다양한 방법을 활용할 것을 주장하여 평가의 영역을 확대시킨 것으로 평가된다.

2) 타일러의 교육과정 개발 논리에 대한 비판

① 교육과정 개발에 개입되는 정치적 이해관계에 관심을 기울이지 않는다.(가치중립적)

② 교육내용선정에 대하여 직접적인 답을 제공하지 못한다. 타일러는 목표설정의 과정, 목표진술의 방법에 대해서만 언급을 하고 있다. 그러나 무엇이 혹은 어떤 내용과 활동이 교육목표로 필요하고 왜 그것이 다른 목표 보다 우선적으로 선정되어야 하는지 그 이유를 언급하지 않고 있다. 단지 교육과정 개발의 형식, 절차, 원리, 방법만 언급하였다. 결국, 무엇(what)에 대한 언급을 회피하고 어떻게(how)에 대해서만 제시하고 있는 것이다.

③ 교육과정 개발을 지나치게 단순화해서 파악한다.(기계적이고 절차적인 모형) 타일러의 논리는 요소 간의 상호의존성이 부족하다. 만약 교육과정 개발자가 교육과정의 구성요소 간의 상호의존성을 고려하지 못한다면 개발은 기계적 과정이 될 수밖에 없다.

④ 목표를 우위에 두어 내용을 목표 달성을 위한 수단으로 전락시킴

⑤ 수업 중에 발생하는 부수적, 확산적 목표를 간과함(표현적 결과 - 사전에 설정되지 않았지만 실행 과정에서 드러나는 중요한 경험을 간과하기 쉽다.)

⑥ 학습 목표를 행위 동사로 진술하는 것이 제한적임

⑦ 교육과정이 교육평가에 종속되기도 함

⑧ 실제 교육과정 개발의 과정은 비선형적이기도 함, 현장에서 실제 교육과정 개발은 절차적이지 않으며 각 단계의 구분이 명확하지 않은 경우가 많다. 이것을 잘 설명하는 모형이 워커의 숙의 모형이다.

Keyword

023 타일러(R. W. Tyler)의 교육과정 이론에 대한 설명으로 옳지 않은 것은?

(19국)

① 교육목표를 설정할 때 학습자, 사회, 교과를 균형 있게 고려한다.

② 교육과정을 교육목적, 교육내용, 교육방법, 학습활동까지 포함하는 경험으로 파악한다.

③ 학습목표를 행위동사로 진술할 것을 주장한다.

④ 기존 교육과정에 대해 기계적이고 절차적인 모형이라는 비판을 가하였다.

024 타일러(R. Tyler)의 교육과정 개발 모형의 특징 및 한계에 대한 설명으로 옳지 않은 것은? (13 7급)

① 교육과정 설계에서 교육목표는 가장 먼저 결정되어야 하고, 그 이후 모든 활동의 기준역할을 하는 것으로 간주되었다.

② 교육의 과정에서 형성되는 사회적 관계, 가치갈등 등에 주목하면서 내용을 목표보다 우위에 두었다.

③ 교육목표의 원천은 제시하고 있으나, 무엇이 교육목표이고 왜 다른 목표보다 우선적으로 선정되어야 하는지를 밝혀주지 못했다.

④ 교육목표는 학생들의 목표도달 여부를 판단할 수 있는 준거가 될 수 있도록 구체적이고 명시적으로 표현할 것이 강조되었다.

025 타일러(R. W. Tyler)의 교육과정 개발 모형에 대한 비판으로 볼 수 없는 것은? (08 중등)

① 교육과정 개발을 지나치게 단순화해서 파악한다.

② 교육내용 선정에 대하여 직접적인 답을 제공하지 못한다.

③ 교육과정 개발에 개입되는 정치적 이해관계에 관심을 기울이지 않는다.

④ 학습경험의 조직을 지나치게 강조하여 교육목표의 효율적 달성을 소홀히 다룬다.

1) 교사가 만드는 교육과정 개발: 타바(H. Taba)

① 타바는 교사가 만드는, 수업 및 실천 지향적인 교육과정 개발을 주장하였다.

② 그녀는 우리나라의 국가 수준 교육과정처럼 외부의 권위자가 교육과정을 개발하기보다, 현장의 교사가 만들어야 한다고 생각하였다.

③ 교사가 일반적인 교육과정을 개발하는 것이 아니라 수업에 즉각 활용되는 단원을 만든 것부터 시작해야 한다고 주장하였다.

④ 교사가 실천지향적인 교육과정을 개발하면 교육과정(curriculum)과 수업(instruction)이 하나의 과정이 된다.

⑤ 반면 외부에서 교과 전문가가 교육과정과 교과서를 개발하고 교사는 단지 실천만을 한다면 교육과정과 수업이 분리가 된다.

⑥ 이 경우 교사는 외부에서 정해진 교육목표, 핵심주제를 벗어날 수 없으므로 교사는 단지 교육과정을 전달(혹은 실천)하는 역할에 한정될 수밖에 없다.

⑦ 애플은 교사가 교육과정을 단지 실행하는 역할에 한정될 때, 교사의 전문성은 서서히 녹슬게 되고 그리하여 시간이 지남에 따라 교사는 타인의 아이디어를 단순히 전달하고 실행하는 단순노동자로 또는 수업의 관리자로 전락하게 된다고 비판하였다.

2) 교육과정 개발 절차: 귀납적 방식

타바는 교육과정 개발 일반적 설계에서 시작하여 구체적인 부분으로 나아가는 전통적인 연역적 방식과 달리, 구체적인 단원 설계에서 시작하여 일반적 설계로 이어지는 귀납적 방식을 취하였다.

3) 타바의 교육과정 개발 절차

① 요구진단

② 학습 목표 진술

③ 내용 선정

④ 내용 조직

⑤ 학습경험 선정

⑥ 학습경험 조직

⑦ 평가의 내용, 방법, 도구 결정

⑧ 균형과 계열성 확인

Keyword

---

026 타바(H. Taba)의 교육과정 개발 모형에 대해 바르게 설명한 것을 〈보기〉에서 모두 고른 것은?

> ㄱ. 귀납적 접근 방법을 사용하였다.
> ㄴ. 요구 진단 단계를 설정하였다.
> ㄷ. 내용과 학습경험을 구별하여 개발 단계를 설정하였다.
> ㄹ. 반응평가모형을 제안하였다.

① ㄱ, ㄷ   ② ㄱ, ㄹ   ③ ㄴ, ㄹ

④ ㄱ, ㄴ, ㄷ   ⑤ ㄴ, ㄷ, ㄹ

1) 타일러 교육목표 진술 유의사항

① 교사가 해야 할 활동으로 교육목표를 진술하는 방식이다. 예컨대, "진화론에 대하여 이야기한다." 또는 "귀납적 증명의 본질을 가르친다." 식으로 진술하는 것이다. 이와 같은 목표진술 방식의 문제점은 학습의 결과로서 학생에게 나타나야 할 행동의 변화나 학습성과가 분명하지 않다는 점이다.

② 학습내용과 행동(행위 동사)으로 진술하고 교육목표, 이원분류표로 체계화할 것을 제안

③ 바람직하고 실현성 있는 교육목표가 되기 위해서는 그 목표의 진술은 가르치는 교사를 위주로 할 것이 아니라 학습자의 차원에서 진술

④ '학생이 ~할 수 있다'는 형식의 행위 동사로 진술하면 교육평가 단계에서 목표 달성 여부를 분명하게 확인하는 데 도움이 된다.

2) 타일러(Tyler) 예시

① 주어(학생)　　② 목적어(내용)　　③ 동사(행동적 서술어) 순으로 진술
① 학생은　　② 삼각형의 합동 조건을　　③ 열거할 수 있다

3) 메이거(Mager) 예시

① 학습자의 도착점 행동　　② 도착점 행동이 일어나는 상황 및 조건　　③ 수락기준 포함
① 모두 풀 수 있다　　② 3개의 이차 방정식을 제시했을 때　　③ 10분 동안에

4) 학습 목표의 구성요소(abcd법칙)

A 학습자(Audience): 교사 중심이 아니라 학습자 중심으로 진술
B 행동(Behavior): 학습경험 후 기대되는 행동의 결과
C 조건(Condition): 학습자에게 주어지거나 억제된 자원들을 포함해서 행동이 나타날 수 있는 조건을 진술함
D 준거(Degree, Criterion): 수행이 판단될 수 있는 양적 또는 질적 준거를 명세화

5) 아이즈너(Eisner)의 수업 목표 분류

① 행동적 목표 - 행동적 활동
② 문제해결 목표 - 문제해결 활동
③ 표현적 결과 - 표현적 결과

Keyword

---

027 〈보기〉의 진술 중 타일러(R. Tyler)가 「교육과정과 수업의 기본원리」(1949)에서 제시한 교육목표에 관한 주장들로만 묶인 것은? (07 중등)

> ㄱ. 교육목표에 기초하여 교육경험(학습경험)을 선정, 조직해야 한다.
> ㄴ. 교육목표는 인지적 영역, 정의적 영역, 심동적 영역으로 구분되어야 한다.
> ㄷ. 타당한 교육목표 설정을 위해서 계속성, 계열성, 통합성의 원리를 준수해야 한다.
> ㄹ. 교육목표에는 학생이 성취해야 할 행동, 그리고 삶의 내용 또는 영역이 포함되어야 한다.

① ㄱ, ㄴ　　② ㄱ, ㄹ　　③ ㄴ, ㄷ　　④ ㄷ, ㄹ

028 성취 행동의 관점에서 볼 때 가장 적절하게 진술된 수업 목표는? (02 초등)

① 수질 오염 방지 대책에 대해 토론한다.
② 비례 대표제의 장점과 단점을 열거할 수 있다.
③ 오빠 생각 노래를 피아노 반주에 맞춰 연습한다.
④ 광합성 작용의 절차를 실험을 통해 파악하게 한다.

029 다음 〈보기〉의 내용 중 타일러(Tyler)가 제시한 행동적 수업목표 진술의 3가지 특징은? (01 초등)

> 가. 수업목표 진술은 학습자의 행동으로 진술하여야 한다.
> 나. 행동과 함께 내용도 진술하여야 한다.
> 다. 기대되는 학습자 행동은 충분히 세분화하여야 한다.
> 라. 학습자의 도착점 행동과 그 상황도 제시하여야 한다.

① 가, 나, 다　　② 가, 나, 라
③ 가, 다, 라　　④ 나, 다, 라

1. 교육목표의 설정

Keyword

1) 인지적 영역 – '지식, 이해, 적용, 분석, 종합, 평가' – 블룸(B. Bloom)

지적영역은 복잡성의 원리(principle of complex)에 의하여 위계적으로 구성되어 있다. 하위수준의 인지능력은 상위수준의 인지능력을 성취하기 위한 선행조건이다.

블룸(B. Bloom)의 인지적 영역 교육목표분류학

분류	설 명
지식	교육과정 속에서 경험한 아이디어나 현상으로, 전에 배운 내용을 기록한 것으로 정의된다. 특수한 사실부터 이론까지 광범위한 범위의 내용에 대한 기억을 말한다. 이 모든 것은 머리와 관련된다. 지식은 지적 영역의 가장 낮은 수준의 산물이다.
이해	사실, 사물의 의미를 이해하는 능력을 말한다. 이는 어떤 것을 다른 단어나 수로 번역하는 능력, 해석, 설명, 요약, 미래 경향을 예측하는 능력이다. 이해는 사실에 대한 단순한 기억, 그리고 가장 낮은 이해수준의 다음 단계에 오는 능력이다.
적용	학습한 내용을 새로운 상황이나 구체적 상황에 사용하는 능력이다. 이는 규칙, 방법, 개념, 원리, 법칙 그리고 이론 같은 것들을 적용하는 것을 말한다. 적용은 이해 수준 이상의 능력을 요구한다.
분석	어떤 사실을 구성하는 요소로 분해하는 능력으로 구성 요소의 구조를 이해하는 능력이다. 이는 구성 부분을 확인하고 그 부분 간의 관계를 분석하여 구성 원리를 인지하는 능력을 말한다. 분석은 내용과 내용의 구성 형태를 이해하여야 하기 때문에 이해와 적용보다 높은 지적 능력이다.
종합	새로운 것을 만들기 위하여 부분들을 모으는 능력이다. 이는 연설이나 강연 등을 위한 독창적 의사 전달, 실행 계획이나 관계의 요약을 말한다. 이 단계는 새로운 양상의 구조를 강조하는 창의적 행동을 강조한다.
평가	주어진 목적을 위하여 사실들에 대하여 판단하는 능력이다. 이 판단은 규명된 기준에 근거하며, 그 기준은 내적 기준과 외적 기준이 있다. 이 능력은 이상에서 설명한 모든 지식 기능을 포함하는 가치판단까지 요구되므로 가장 높은 정신기능이다.

030 블룸(Bloom)의 교육목표 분류체계에 따를 때, 다음 중 가장 상위 수준의 교육목표에 해당하는 것은? (03 초등)

① 삼투압의 원리를 설명한다.
② 삼투압의 원리를 암송한다.
③ 삼투압의 원리를 이해한다.
④ 삼투압의 원리를 실생활에 적용한다.

031 다음은 교육목표에 관한 타일러(R. Tyler)와 블룸(B. Bloom)의 견해를 대화 형식으로 구성한 것이다. (가)~(다)에 들어갈 말을 바르게 나열한 것은? (11 초등)

> 타일러: 저는 일찍이 (가)의 입장에서 교육목표를 진술해야 한다고 말한 바 있습니다.
> 블 룸: 예, 잘 알고 있습니다. 선생님께서는 또한 (나)으로 이루어진 이원적 목표 진술을 강조하셨죠?
> 타일러: 물론입니다. 그런데 선생님이 동료들과 함께 분류하려고 한 것은 그 중의 어느 것입니까?
> 블 룸: 저희들은 그 두 차원 중에서 (다)의 차원을 분류했습니다.

	(가)	(나)	(다)
①	교사	지식과 기능	기능
②	교사	내용과 행동	행동
③	학생	지식과 기능	기능
④	학생	지식과 기능	지식
⑤	학생	내용과 행동	행동

1) 정의적 영역 - 감수, 반응, 가치화, 조직화, 인격화 (위계적으로 구성): 크래쓰월(D. Krathwohl)

내면화 수준(level of internalization)에 따라 분류할 수 있다. 내면화란 사회심리학적인 용어로서 개인이 사회에 의해 주어지는 태도, 가치, 행동양식 등을 자기 것으로 받아들이는 것을 의미한다.

① 감수(receiving)란 인간의 정의적 행동에 영향을 주는 모든 사건에 대하여 관심을 갖게 되는 정의적 행동 특성으로 어떤 사건이나 현상을 받아들이거나 선택적으로 관심을 갖는 단계를 말한다.

② 반응(responding)이란 관심의 수준을 넘어 어떤 사건이나 현상에 대하여 어떤 형태로든 반응함을 말한다. 예를 들어, 넘어진 아이를 보고 관심을 표현한 것이 감수라면 가서 일으켜 주든지, 일어나라고 말하든지, 아니면 그냥 지나치는 것이 반응이다.

③ 가치화(valuing)란 여러 가지 사건과 현상 중에 어떤 것이 가치 있는가를 구분하는 행동 특성을 말한다. 예를 들어, 넘어진 아이를 보고 관심을 갖는 행위와 약속 시간을 지켜야 하기에 그냥 지나치는 경우, 어떤 행위가 더 가치 있는가를 판단하는 행위다.

④ 조직화(organization)란 여러 행위와 사건에 따른 각기 다른 가치가 존재하므로 이들 가치를 위계적으로 조직하는 행동 특성이다.

⑤ 인격화(characterization)란 가치화와 가치체계의 조직이 정착되면 가치체계가 내면화되어 성숙한 인간, 즉 성스러운 사람이 된다. 인격화는 정의적 행동 특성의 최고단계로 가치 체계를 내면화한 예로서 간디, 테레사 수녀 등을 들 수 있다.

2) 심동적 영역 심슨(Simpson)(1966 ⑤, 1972 ⑦)

① 수용(지각) - 감각기관을 가지고 지각하고 관심을 갖는 단계
② 태세(자세) - 준비하는 상태
③ 유도반응 - 복잡한 기능을 배우는 초기단계
④ 기계화 - 배운 행동을 훈련해서 습관적으로 고정되고 안정되어지는 단계
⑤ 복합적 외현반응 - 최소의 힘으로 부드럽게 하는 단계
⑥ 적응 - 문제상황, 특수상황에 적합한 행위로 수정하는 단계
⑦ 독창성 - 독창적인 자세로 개인의 특수한 행동을 개발하는 단계

Keyword

032 블룸(B. Bloom)의 인지적 영역 교육목표 분류와 크래쓰월(D. Krathwohl) 등의 정의적 영역 교육목표 분류에 대한 설명으로 적절하지 않은 것은? (10 중등)

① 인지적 영역 목표의 분류 준거는 복잡성이다.
② 하위수준의 인지능력은 상위수준의 인지능력을 성취하기 위한 선행조건이다.
③ 정의적 영역 목표는 위계적으로 구성되어 있다.
④ 정의적 영역 목표의 분류 준거는 다양성이다.
⑤ 정의적 영역 목표는 감수, 반응, 가치화, 조직화, 인격화이다.

1) 행동 목표(behavioral objectives)의 한계

수업은 복잡하고 역동적이어서 예측하지 않는 결과가 많이 나타난다. 그러므로 수업 후 나타날 모든 것을 수업 전에 미리 행동 목표로 진술하는 것은 불가능하다.

2) 문제해결목표

① 문제해결목표란 문제와 문제해결에 필요한 조건만 가지고 해당 조건을 충족시키면서 문제를 해결하는 것을 말한다.

② 예를 들어, '1만원으로 먹고 싶은 과자 5종 고르기'가 해당된다. 이것은 문제해결책이 다양하므로 정답이 없는 해결책을 학생으로 하여금 발견하도록 유도할 때 사용된다.

③ 문제해결목표는 지적 융통성과 고등정신능력을 기르는 데 유익하다.

3) 표현적 결과(expressive outcomes)

① 목표를 미리 설정하지 않고 어떤 활동을 하는 과정에서 혹은 활동의 결과에서 얻게 되는 것이 표현적 결과인 것이다.

② 학생의 다양한 생각을 행동 목표로 집약하여 표현하면, 다양한 생각을 구현하는 교육활동이 제한될 수 있다.

③ 행동 목표로 진술되지 않는 것도 있으므로, 반드시 사전에 목표를 설정할 필요가 없다.

4) 표상 형식(mode of presentation)과 반응양식 개발

① 지식이나 현상을 이해하고 표현하는 형태는 다양하다.

② 음악, 미술, 몸짓, 조각, 영화 등 글과 말에 다양한 형태의 표현양식이 있다.

③ 글이나 말 외에 다양한 표현양식이 있는데, 학교는 오직 글과 말로써 현상을 이해하고 그것을 표현할 것을 학생들에게 강요한다. 이것은 인간의 다양성을 무시하고 다양한 표현 기회를 차단하는 것이다.

5) 교육적 감식안에 기반을 둔 교육비평

① 아이즈너는 타일러(R. Tyler)의 목표지향적 평가(objectives oriented evaluation)와 행동주의(behaviorism) 학습관이 개인의 질적인 측면을 고려하지 못하여 다양성을 저해한다고 비판하였다.

② 대안으로 그는 교육적 감식안에 기반을 둔 교육비평을 주장하였다.

Keyword

033 아이즈너(E. Eisner)가 말한 '표현적 결과(expressive outcomes)'에 관한 설명으로 가장 적절한 것은? (09 초등)

① 수업내용을 분석하여 측정 가능한 행동 용어로 결과를 진술한다.

② 수업결과로 나타나는 목표를 의미하는 것으로서 수업 전에 미리 정해져 있다.

③ 수업시간에 일정한 조건을 주고 그 조건 내에서 문제 해결책을 발견해 내는 활동이다.

④ 설정된 목표에 따라 학습 내용을 가르치고 그 결과를 파악할 필요가 있을 경우에 적합하다.

⑤ 구체적인 목표 없이 수업을 시작하여 수업 활동 중 혹은 종류 후 결과적으로 얻게 되는 것이다.

034 아이즈너(E. Eisner)가 제시한 교육 목표 중 〈보기〉의 교육활동에 가장 적합한 유형의 목표는? (07 초등)

> • 몸이 불편한 친구를 돕기 위한 방법을 찾아낸다.
> • 한정된 예산으로 학습 효과를 최대화할 수 있는 책들을 구입한다.

① 행동 목표   ② 운영 목표
③ 문제 해결 목표   ④ 표현적 결과 목표

035 교육목표에 관한 아이즈너(E. Eisner)의 관점으로 적절하지 않은 것은? (06 초등)

① 모든 목표는 관찰 가능한 행동적 용어로 진술되어야 한다.

② 명백한 목표뿐만 아니라 의도되지 않은 목표도 고려해야 한다.

③ 어떤 교육활동에 대해서는 구체적인 목표를 미리 설정할 수 없다.

④ 어떤 목표는 교육활동이 전개된 이후에 설정되는 것이 타당하다.

1) 기본 관점

① 타일러의 합리적 모형비판: 가치중립적, 선형적

② 목표설정, 경험선정·조직, 평가의 단계가 현실의 교육과정 개발 과정을 보니 그렇지 않았다.

③ 교육과정 개발에 참여하는 사람들은 합리적으로 사고를 하지 않는 경우가 많다.

④ 교육과정 개발은 참여자들의 다양한 이해관계가 교차하는 정치적 과정이다.

⑤ 워커는 교육과정을 개발할 때 이론이나 논리를 따르기보다 교육과정 문제가 처한 특수하고 다양한 상황을 충분히 숙의할 것을 주문한다. 워커의 모형은 현장에서 이루어지는 자연스러운 교육과정 개발 과정을 염두에 둔 것이다.

2) 개발과정

(1) 토대(platform): 강령

① 토대의 과정은 다양한 개념, 이론, 가치관. 이미지, 절차 등이 혼재한다.

② 토대의 과정은 교육과정 개발에 참가하는 사람들이 강령(믿음, 가치관, 선호)을 표방하는 단계

③ 처방을 내리기 전에 교육현장에 있는 참여자들의 의견을 수렴한다.

(2) 숙의(deliberation): 대안(최고가 아닌 최선)

① 숙의의 과정은 앞 단계의 강령이 행동차원의 정책으로 전환되는 과정이다.

② 즉, 강령을 토대로 현실적인 대안을 찾는 단계이다.

③ 실제 상황 속에서 참여자들의 논의를 거쳐 최선의 대안을 자연스럽게 구체화한다.

(3) 설계(design)

① 설계는 교육과정의 구체적 내용, 즉 구체적 프로그램을 만드는 단계이다.

② 즉, 숙의한 것들을 구체화시키는 단계이다.

③ 하지만 설계의 과정 중에도 일정에 쫓기지만 여전히 숙의가 계속되는 경우가 많은 것이 현장에서 일어나는 교육과정 개발의 모습이다.

④ 또한 여러 회의를 거치면서도 걸러지지 않은, 개인적 선호나 특정 집단의 정치적 측면이 여전히 설계에 반영되기도 한다.

Keyword

---

036 워커(D. Walker)가 제안한 자연주의적 교육과정 개발 모형의 숙의(deliberation) 단계에 해당되는 사항을 〈보기〉에서 고르면? (12 초등)

> ㄱ. 대안들의 예상되는 결과를 검토하기
>
> ㄴ. 교육과정 개발의 목적과 그것을 달성하기 위한 방법을 확인하기
>
> ㄷ. 교육과정 개발 참여자들이 갖고 있는 개념, 이론, 목적 등에 관한 공감대 형성하기
>
> ㄹ. 교육과정을 구성하는 교과의 선정, 수업방법이나 자료 등을 확정하며, 이를 위한 행·재정적 지원 절차 등을 계획하기

① ㄱ, ㄴ   ② ㄱ, ㄷ   ③ ㄴ, ㄷ

④ ㄴ, ㄹ   ⑤ ㄷ, ㄹ

037 워커(D. Walker)가 제안한 교육과정 개발 모형에 대한 설명으로 가장 적절한 것은? (09 초등)

① 합리적·처방적 교육과정 개발 모형에 속한다.

② 학업성취 향상을 위해서 역행설계(backward design) 방식을 취한다.

③ 교육과정 개발 절차를 준수할 것과 그 절차의 직선적 계열성을 강조한다.

④ 개발 참여자들의 기본 입장이 제시되는 강령(platform)이 중요한 요소이다.

⑤ 개발 과정이 5단계로 구분되어 있고, 어느 단계에서도 개발을 시작할 수 있다.

038 워커(D. Walker)의 교육과정 개발 모형에서 여러 대안 중 가장 현실적인 대안을 찾아내는 단계는? (06 초등)

① 설계(design)   ② 강령(platform)

③ 숙의(deliberation)   ④ 평가(evaluation)

1) 학교중심 교육과정의 개념(Skilbeck)

① 학교의 현실이나 지역적 특수성을 고려하지 않고 대규모의 교육과정에 대한 반작용으로 나타났다.
② 교육과정 개발은 학교 현실이나 상황에 기초하여 이루어진다.
③ 각 학교의 특성을 고려한 교육과정 개발이 용이하다.
④ 개방된 접근의 '상호작용적 교육과정 개발모형'
⑤ 교육과정 개발의 과정은 지속적이고 역동적인 성격을 지닌다.

2) 스킬벡(Skilbeck)의 모형의 5단계

① 상황 분석(analyse the situation): 외적 요인으로는 문화적·사회적 변화, 학부모 요구 및 기대, 지역사회의 가치, 부모와 자녀간 관계의 변화, 이데올로기, 교과 성격의 변화 등이다.
내적 요인으로는 학생의 적성, 능력, 교육적 요구와 교사의 가치, 태도, 기능, 지식, 경험, 강점 및 약점, 역할, 학교 풍토 및 정치적인 구조 등이다.
② 목표 설정(define objectives): 목표 설정의 단계에서는 기대되는 학습 결과로서 교사와 학생의 행동을 구체화하는 목표를 설정하고 진술한다.
③ 프로그램 구성(design the teaching-learning programme): 프로그램 구성의 단계에서는 교수-학습활동 설계(교수-학습내용 및 범위선정, 계열성, 교수-학습방법, 교수-학습 구조 등을 포함), 필요한 수단과 자료 명세화(자원 및 교재 등을 포함), 교육환경 설계(강의실, 실험실 등), 교직원 인적자원 역할 부여와 적절한 배치, 시간표 및 규정계획 등을 구성한다.
④ 해석과 실행(interpret and implement the programme): 해석과 실행의 단계에서는 교육과정에 변화를 야기할 수 있을 문제들을 규명하고, 그 해결을 위하여 과거의 경험을 검토하고, 관련 연구와 이론을 분석하며, 예측을 통하여 문제를 해결한다.
⑤ 모니터링·피드백·평가·재구성(assess and evaluate): 모니터링, 피드백, 평가 및 재구성의 단계에서는 교육과정 개발 전반에 대한 지속적인 모니터링과 피드백 평가를 수행하고, 그 결과를 반영하여 다음 교육과정을 재구성한다.

3) 학교 교육과정의 필요성

① 교육의 효율성(effectiveness)을 높이기 위해서 학교 교육과정이 필요하다.
② 교육의 적합성(suitability)을 높이기 위해서 학교 교육과정이 필요하다.
③ 교사의 자율성(autonomy)과 전문성(professional expertise)의 신장
④ 교육의 다양성(variety)을 추구

Keyword

039 다음은 스킬벡(M. Skilbeck)의 모형(SBCD)에 따른 학교 교육과정 개발의 단계와 내용이다. (가)~(다)에 대한 설명으로 옳은 것만을 〈보기〉에서 있는 대로 고른 것은? (13 중등)

단계	내용
상황 분석	(가)
목표 설정	• 교육과정 운영 목표 설정 - 전년 대비 학업 성취도 2% 향상 (하략)
프로그램 구성	(나)
(다)	• 변화된 교육과정에 따라 야기되는 문제점 예측 - 교과교실제 확대에 따른 교실 2개 부족 (하략)
모니터링, 피드백, 평가, 재구성	• 모니터링 및 평가 체제 설계 - 교육과정 평가 일정 준비 (하략)

<보 기>
ㄱ. (가)에서는 교육정책과 학교풍토에 대한 분석이 이루어진다.
ㄴ. (나)에서는 교수·학습 활동에 대한 설계가 이루어진다.
ㄷ. (나)에서는 교사배제 교육과정(teacher-proof curriculum)의 아이디어를 실현하기 위한 활동이 수행된다.
ㄹ. (다)는 '해석과 실행' 단계에 해당한다.

① ㄱ, ㄴ   ② ㄱ, ㄷ   ③ ㄷ, ㄹ
④ ㄱ, ㄴ, ㄹ   ⑤ ㄴ, ㄷ, ㄹ

1) 이해 중심 교육과정(백워드 설계)의 3단계: 위긴스(Wiggins)와 맥타이(McTighe)

① 바라는 결과 확인하기: 목표

학습 목표를 설정하는 단계로 교사는 학생이 수업(혹은 교육의 과정)이 끝났을 때, "무엇을 알고 이해해야 하는가?"를 질문하고 그것을 목표로 설정한다.

② 수용 가능한 증거 결정하기: 평가계획

평가 기준을 설정하는 단계로 교사는 학습 목표(기대되는 학습 결과)가 성취되었음을 어떻게 알 수 있는가?를 질문한다. 이 단계에서 교사는 평가자의 입장에서 학생의 목표 성취 여부를 수용할 수 있는 기준을 설정한다.

③ 학습 경험 계획하기: 수업

기대되는 학습결과를 효과적으로 수행하고 성취하기 위한 학습경험과 교수방법을 어떻게 설계할 것인가? 이를 위하여 위긴스와 맥타이는 WHERETO 방법을 제안하였다.

2) 이해(understanding)의 6가지 측면

이해의 측면	정의	필요한 질문이나 과제
설명	무엇이 어떻게 작용하는지, 어떤 일이 왜 일어났는지 말하거나 보여주는 것이다.	배운 것을 설명하시오. 친구에게 핵심주제를 설명하시오.
해석	Big idea를 새롭게 조명하는 것이다.	핵심개념과 관련되는 개인적 경험을 제시하시오.
적용	새로운 문제를 해결하거나 새로운 상황에 Big idea를 적용하는 것이다.	새로운 상황에 배운 것을 응용하여 문제를 해결하시오.
관점	Big idea를 다른 관점에서 논리적으로 검토하고 비평함으로써 객관성을 보여주는 것이다.	주제에 대하여 다른 관점에서 설명하고 비평하시오.
공감	공감은 타인의 감정과 생각을 수용하는 능력을 말한다.	여러분이 그 친구의 입장이라면 어떻게 느끼는가?
자기지식	자신의 학습방식을 반성하는 것이다.	나의 어떤 편견이 문제해결에 방해되는가?

3) WHERETO의 요소와 의미

요소	의미
W(Where and Why)	학생들에게 단원이 어디로 나아가고 있고, 왜 그런지를 이해시켜라.
H(Hook and Hold)	도입에서 학생들의 동기를 유발하고 관심을 계속 유지시켜라.
E(Explore and Equip)	학생들이 중요한 개념을 경험하고 주제를 탐구하도록 준비하라.
R(Rethink, Reflect, Revise)	학생들에게 주요 아이디어를 재고하고, 과정 속에서 반성하고 활동을 교정하기 위한 많은 기회를 제공하라.
E(Evaluate)	학생들에게 과정과 자기평가의 기회를 제공하라.
T(Tailor)	개인적인 재능, 흥미, 필요를 반영할 수 있도록 설계하라.
O(Organize)	진정한 이해를 최적화하기 위하여 조직하라.

Keyword

040 위긴스(Wiggins)와 맥타이(McTighe)가 제시한 이해중심교육과정(백워드 설계)의 세 가지 설계 단계에 해당하지 않는 것은? (21 7급)

① 학습자의 요구와 상황 분석하기
② 바라는 결과 확인하기
③ 학습경험 계획하기
④ 수용 가능한 증거 결정하기

041 〈보기〉는 위긴스와 맥타이(G. Wiggins & J. McTighe)의 백워드 설계(Backward Design)에서 학교교육의 목표가 되는 6가지 이해에 관한 진술이다. (가) 가장 낮은 수준의 이해와 (나) 가장 높은 수준의 이해를 바르게 짝지은 것은? (12 중등)

> ㄱ. 비판적이고 통찰력 있는 견해(관점)
> ㄴ. 의미를 제공하는 서술이나 번역(해석)
> ㄷ. 타인의 감정과 세계관을 수용할 수 있는 능력(공감)
> ㄹ. 지식을 새로운 상황이나 다양한 맥락에 효과적으로 사용하는 능력(적용)
> ㅁ. 사건과 아이디어들을 '왜' 그리고 '어떻게'를 중심으로 서술하는 능력(설명)
> ㅂ. 자신의 무지를 아는 지혜 혹은 자신의 사고와 행위를 반성할 수 있는 능력(자기지식)

	(가)	(나)		(가)	(나)
①	ㄴ	ㄱ	②	ㄹ	ㅂ
③	ㅁ	ㄱ	④	ㅁ	ㅂ

1) 전통적 의미의 교육과정

① 학교에서 배우는 교과목, 혹은 해당 교과목에서 배우는 교육내용으로 사용되어 왔다.

② '고정된 경로 혹은 과정(process)'을 의미하였다.

③ 모든 학생은 같은 경로를 걷고 그 길 위에서 같은 것을 보고 듣고 경험할 것을 요구받았다. 지적전통주의자들(intellectual traditionalists)이 이와 같은 입장을 지지하였다.

④ 학생의 흥미, 적성, 진로 등은 고려되지 않고 교사에 의해서 일괄적으로 제시된 교육과정을 학생들은 수동적으로 받아들였다. 선택의 여지는 없었다. 학생은 그들의 차이와 무관하게 제시된 교육과정을 모두 똑같이 학습하였으므로 사실상 공통교육과정으로 운용된 것이다.

⑤ 공통교육과정에서는 다양성(혹은 차이)보다 공통성이 강조된다.

2) 재개념주의에서 교육과정의 의미

① 1970년대 이부터 일군(一群)의 학자들이 교육과정의 전통적 의미를 재개념화하고 새롭게 해석하기 시작하였다. 이들이 바로 재개념주의자들(reconceptualists)이다.

② 'currere'의 본래 의미를 회복하고자 하는 것이 그들의 의도이다.

③ 재개념주의자들은 교육과정을 학교에서 배우는 교과목이나 경험을 넘어 '삶의 궤적(軌跡)(course of life)'으로 간주한다.

④ 교육과정의 개념을 삶의 궤적으로 할 경우 교육과정의 범위는 매우 확대된다. 그것은 교과교육과정은 물론 교과 외 교육과정을 포함하며, 학교 교육과정은 물론 학교 밖의 가정과 사회에서의 학생이 겪는 경험까지 포함하게 된다.

⑤ 공식적 교육과정은 물론 잠재적 교육과정도 포함하게 된다.

> *교육과정 '재개념화(reconceptualization)'의 특징
> ① 개인적 교육체험의 자서전적 서술 방법 도입 (쿠레레 방법 4단계) - 파이너
> ② 해석학과 현상학 같은 다양한 방법론을 교육과정 연구에 적용한다.
> ③ 역사적, 정치적, 심미적 텍스트로서의 교육과정 탐구
> ④ 교육내용의 이데올로기적 성격이나 쟁점을 드러내는 데 관심이 있다. - 애플

Keyword

042 '교육과정 재개념화'에 관한 진술로 옳은 것을 〈보기〉에서 고르면? (12 초등)

> ㄱ. 다양한 담론을 활용하여 교육과정을 이해하고자 한다.
> ㄴ. 교육과정 연구에서 질적 접근보다는 양적 접근을 중시한다.
> ㄷ. 연구의 초점을 교수 · 학습 과정의 일반적 원리나 모형의 개발에 맞춘다.
> ㄹ. 대표적인 학자로는 파이너(W. Pinar), 애플(M. Apple), 아이즈너(E. Eisner) 등을 들 수 있다.

① ㄱ, ㄴ   ② ㄱ, ㄹ   ③ ㄴ, ㄷ
④ ㄴ, ㄹ   ⑤ ㄷ, ㄹ

043 〈보기〉의 주장과 관련 있는 교육과정 이론은? (02 초등)

> • 학생들을 둘러 싼 생활 세계를 존중해야 한다.
> • 교과서의 지식은 특정 계층의 이데올로기를 반영하고 있다.
> • 현재의 학교 교육은 학생들을 정신적으로 황폐화시키고 있다.
> • 사전에 설정된 교육 목표에 따라 수업하는 것은 바람직하지 않다.

① 재개념주의   ② 개념경험주의
③ 경험주의   ④ 전통주의

044 "교육과정은 그 어원인 '쿠레레(currere)'에 복귀해야 한다."라는 주장이 최근에 일고 있다. 이러한 주장과 관련 있는 것은? (01 초등)

① 교육과정 논의의 대상은 교육과정 설계와 개발이다.
② 학교교육이 이루어지는 과정을 전달 과정에 비유한다.
③ 교육 경험을 통한 개개인의 의미형성 과정을 강조한다.
④ 교육과정 질 관리의 차원에서 교사의 책무성을 강조한다.

1) 교육과정 설계[curriculum design]의 기본요소

교육과정 설계란 교육과정의 기본 요소를 배열하는 것을 말한다.
기본요소에는 목적(목표, 명세목표 포함), 내용(교과), 학습활동(학습 경험) 및 평가가 있다. 이와 같은 기본 요소들을 어떻게 서로 관련짓느냐가 교육과정 설계에서 해야 할 과제이다.

(1) 범위성(scope): 다루어야 할 내용의 영역과 범위를 결정하는 것이다. (폭과 깊이)
(2) 계속성(continuity): 교육내용이나 경험을 수직적으로 조직, 요소를 지속적으로 반복
(3) 계열성(sequence): 시간의 경과에 따른 내용의 수준별 조직, 심화, 단순에서 복잡
(4) 통합성(integration): 교육과정의 내용을 수평적으로 관련시키는 것
(5) 균형성(balance): 교육과정의 각 부분이 적절하게 다루어져서 전체적 균형을 유지
(6) 연계성(articulation): 교육과정의 여러 측면 간의 상호관계
　① 수직적 연계성: 계속성과 계열성과 유사 **에** 초6과 중1의 연계
　② 수평적 연계성: 스코프와 통합과 유사

2) 교육과정 실행 관점 세 가지(Synder, Bolin, & Zumwalt)

(1) 충실도 관점(fidelity perspective): 교사는 사용자

개발 또는 계획된 교육과정의 취지와 의도대로 학교 및 교실에서 충실하게 전개되고 구현되어야 한다는 관점으로, 원래 의도한 대로 프로그램이나 혁신적인 내용이 사용되는 정도를 나타낸다고 말하고 있다. 이 충실도 관점은 특히 중앙에서 개발한 교육과정의 취지와 의도가 학교 현장에서 충분히 구현되고 있는가를 보는 기준으로 작용한다.

(2) 상호적응 관점(mutual adaptation perspective): 교사는 조정자

학교 밖에서 개발된 교육과정이 학교 현장에서 그대로 실행되는 것이 아니라 학교가 처한 상황 및 실행과정의 상황 등에 따라 실행하는 교사와의 상호 적응 및 조정의 과정을 거치게 된다고 보는 견해이다.

(3) 교육과정 생성 관점(curriculum enactment perspective): 교사는 창조자

교육과정 생성 관점은 충실도 관점과 반대되는 극단에 있는 것으로 이해되기도 한다. 이 관점은 외부에서 개발 및 설계되고 만들어진 교육과정은 하나의 자료일 뿐이고 교육과정은 학생과 교사에 의해 만들어져야 한다는 것이다.

Keyword

---

045 학년 간 교육내용의 반복성을 강조하는 교육과정 조직의 원리는?

(06 초등)

① 통합성　　　　　　　② 균형성
③ 계속성　　　　　　　④ 계열성

---

046 다음은 교육과정 조직의 원리 중 무엇에 해당하는가? (10 국 7)

> 이 원리는 어떤 시점에서 학생들이 배워야 할 내용이 무엇이고, 그 내용을 얼마나 깊이 있게 배워야 하는가를 결정한다. 여기서 배워야 할 내용은 학교급, 학년, 교과목에 따라 달라지며, 깊이는 배울 내용에 할당된 수업시수로 표현된다.

① 계열성(sequence)의 원리　　　② 계속성(continuity)의 원리
③ 범위(scope)의 원리　　　　　④ 통합성(integration)의 원리

---

047 다음에서 설명하고 있는 교육내용의 조직 원리로 가장 적절한 것은?

(09 국)

> 학습자의 발달 단계에 따른 학습 능력을 고려하여 단순한 것에서 복잡한 것으로, 친숙한 것에서 생소한 것으로, 선수학습에 기초하여 그 다음 내용으로, 구체적인 것에서 추상적인 것으로 교육내용을 순차적으로 조직해 나간다.

① 계속성(continuity)　　　　② 계열성(sequence)
③ 통합성(integration)　　　④ 균형성(balance)

* 프로그램 평가모형 *

(1) 목표지향모형 - Tyler의 목표달성모형 (1세대)
(2) 의사결정모형 - 활용 - Stufflebeam의 CIPP 모형
(3) 가치판단모형 - 소비자 지향 평가 - Scriven의 탈목표 평가모형 (3세대)
(4) 전문가중심모형 - Eisner의 교육적 감식과 교육비평 (3세대)
(5) 참여자중심모형 - Stake의 반응적 평가

1) 목표지향모형 - 타일러(Tyler)의 목표달성모형

① 평가의 과정이란 본질적으로 교육과정 및 수업의 프로그램에 의해서 교육목표가 실제로 어느 정도나 실현되었는지를 밝히는 과정이다.
② 교육목표를 행동적 용어로 진술하여 명확한 평가기준을 제시한다.
③ 교육목표, 교육내용, 교육평가 간의 논리적 일관성을 유지해 준다.
④ 목표를 미리 설정할 것을 강조함으로써 수업 중에 생겨나는 부수적, 확산적 목표의 중요성을 간과하게 된다. 따라서 목표로 설정되지 않은 교육의 부수적인 결과에 대해서는 평가하기 어렵다.

2) Stufflebeam의 CIPP 모형: 스터플빔(Stufflebeam)

① 의사결정의 대안을 판단하는데 필요한 적절한 정보를 획득하고, 기술하고 제공하는 과정
② 이 평가접근에서는 투입, 과정, 산출이라는 체제적 접근 관점에서 의사결정자의 관심, 정보에 대한 요구 및 효율성을 평가 준거로 설정한다.
③ 평가의 가장 중요한 목적은 입증하는 것이 아니라 개선하는 것이다.

3) 탈목표 평가모형(Goal-Free-Evaluation): 스크리븐(Scriven)

① 교육목표 달성여부, 예상되는 결과 이외에 의도하지 않는 부수적인 효과, 교육자에게 미치는 긍정·부정적 효과, 실용성, 비용, 도덕성의 7가지를 평가한다.
② 탈목표평가는 총체적 평가 방법이다. 사전에 수립된 교육목표에 대한 평가뿐만 아니라 이외에 다른 기준에 의한 평가까지 총괄적으로 하기 때문이다.

4) 전문가중심모형 - 아이즈너(Eisner)의 교육적 감식과 교육비평

① 평가자가 예술 교육 관점처럼, 교육적 감식안과 교육비평의 관점으로 평가해야 한다는 모형
② 교육적 감식안은 예술을 감상하는 감식가처럼 평가자가 교육의 질을 감상하고 판단하는 예리하고 세련된 기술을 의미한다.

Keyword

048 다음 중 교육평가모형에 대한 설명으로 옳지 않은 것은? (10국)

① 타일러(Tyler)는 행동적 용어로 진술된 목표와 학생의 성취도와의 일치 정도를 알아보는 데 평가의 초점을 맞추고 있다.
② 아이즈너(Eisner)는 교육평가가 예술작품을 비평하는 것과 같은 방식으로 이루어져야 한다고 주장하였다.
③ 스크리븐(Scriven)은 프로그램이 의도했던 효과만을 평가하고 부수적인 효과는 배제하였다.
④ 스터플빔(Stufflebeam)은 의사결정에 유용한 정보를 획득·기술·제공하는 과정으로 평가를 정의하였다.

049 방과 후 학교 프로그램을 평가하는 데 참여한 각각의 교사들이 선호하는 교육평가 모형을 가장 적절하게 짝지은 것은? (11 초등)

> 김 교사: 목표 달성 여부를 확인하기 위해 프로그램에 참여한 학생들의 학업 성취도를 평가하는 것이 좋겠습니다.
> 이 교사: 제 생각에는 평가의 주된 목적은 프로그램 개선을 위한 의사결정을 돕는 데 있다고 봅니다. 이를 위해서는 상황, 투입, 과정, 산출의 네 가지 측면에서 프로그램을 평가하는 것이 좋다고 생각합니다.
> 박 교사: 저는 프로그램의 부수적인 효과까지 평가 항목에 포함해 분석하는 것이 더 좋다고 생각합니다. 목표 달성에는 실패했지만 부수적인 효과가 큰 경우 그 프로그램을 계속 채택할 수 있기 때문입니다.

	김 교사	이 교사	박 교사
①	타일러(Tyler) 모형	스테이크(Stake) 모형	스터플빔(Stufflebeam)모형
②	타일러 모형	스터플빔 모형	스크리븐(Scriven) 모형
③	타일러 모형	스크리븐 모형	스테이크 모형
④	스테이크 모형	스크리븐 모형	타일러 모형
⑤	스테이크 모형	타일러 모형	스크리븐 모형

1. 교육과정 재구성

교육과정 재구성이란 상급 교육기관에서 만들어 놓은 교육과정을 어떤 원칙에 의거하여 학생, 학교, 지역의 특수한 사정에 따라 변경하는 것이다.

2. 교육과정 재구성의 배경

① 교사배제 교육과정(teacher-proof curriculum): 교사 개개인의 역량이나 자질, 신념 같은 것이 작용할 만한 여지를 배제할 수 있을 정도로 구체적이고 상세하게 계획되고 기술되어 있어서, 신참이든 경력자든 그것을 적용하기만 하면 애초 의도했던 대로 동일한 결과가 나올 수 있을 것으로 기대되는 교육과정을 의미한다.

② 교육과정의 대강화(slimming of curriculum): 교육과정에 전체적인 개요나 핵심사항만을 간략히 담아 제시하는 것으로 교육과정 내용과 형식을 양적으로 간소화하고 질적으로 적정하게 표현하여 제시하는 것에 의미를 두고 있다.

3. 교육과정 압축(curriculum compacting)

영재를 포함한 상위 성취 학습자들을 위해 교육과정을 재구성하는 하나의 전략으로, 개별 학습자에게 맞춘 교육과정 개별화 전략이다.

4. 교육과정 리터러시(curriculum literacy)

교사가 갖추어야 할 교사로서의 교육과정에 대한 소양을 가리키는 개념이다.

5. 성취기준

교과목에서 학생들이 학습을 통해 성취해야 할 지식, 기능, 태도의 능력과 특성

6. 성취수준

학생들이 교과별 성취기준에 도달한 정도를 나타내는 것

7. 성취평가제

학생들의 성취 정도에 대한 구체적인 정보 제공과 학습개선을 위한 학생, 학부모와의 의사소통을 중요하게 생각하는 평가제도이다.

8. 교육과정 통합

2개 이상의 교육과정을 하나의 교육과정으로 합하는 것이며, 통합 교육과정이란 교육과정 통합에 의하여 만들어진 교육과정을 뜻한다.

Keyword

Ⅱ 교육심리

1) 발달의 개념

① 발달의 개념과 유사한 용어로는 성장(growth), 성숙(maturation), 학습(learning) 등의 개념이 사용되고 있다.

② 성장이란 개체의 신장, 체중, 골격 등과 같은 신체적이고 생리적인 변화와 같은 양적 증가와 관련된다.

③ 성숙은 뇌 기능의 분화나 사춘기의 이차성징 출현과 같이 개체가 환경의 영향보다는 유전적 소질에 의해서 변화하는 과정을 의미한다.

④ 발달을 정의할 때 성장, 성숙의 개념과 함께 반드시 논의되어야 할 부분은 경험이다. 아동이 실생활에서 접하게 되는 모든 심리적·물리적 환경과의 상호작용이 바로 경험이다.

⑤ 발달은 인간이 모체의 자궁에서 정자와 난자가 수정되는 그 순간부터 죽음에 이르기까지 전 생애에 걸쳐 유전과 환경의 상호작용에 의해 일어나는 모든 양적 변화와 질적 변화의 과정으로 정의할 수 있다.

2) 발달원리

① 발달은 성숙(유전)과 학습의 상호작용의 결과이다.

② 발달은 일생을 통한 계속적인 과정이며 점진적이다.

③ 발달에는 일정한 발생학적인 순서와 방향이 있다.

④ 발달의 각 측면은 서로 밀접하게 상호 관련되어 있다.

⑤ 발달의 개념은 단순한 양적인 증대만이 아니라 질적인 변화 역시 포함한다.

⑥ 발달은 전체적이고 일반적인 기능에서부터 부분적이고 특수한 기능으로 분화한다.

⑦ 수평적 개념에서 수직적 개념으로 발달된다.

⑧ 발달에는 개인차가 있다.

---

* 더 알아보기

① 발달과업은 특정한 발달단계에서 각 개인이 배우지 않으면 안 되는 여러 가지의 과제, 즉 발달과제를 의미하는 것으로 이는 개인의 건전한 성장 발달을 위해 이루어야 할 과업이다.

② Piaget는 인지구조의 차이를 근거로, Freud는 성적에너지(libido)의 발달과정을 근거로, Erikson은 심리사회적 위기에 따라 발달단계를 구분하고 있다.

Keyword

050 인간발달에 대한 설명으로 옳지 않은 것은? (10 5급)

① 발달은 유전과 환경 간 상호작용의 결과이다.

② 발달의 순서와 방향은 동일하다.

③ 발달은 계속적인 과정이다.

④ 인지발달과 정서발달은 상호 독립적이다.

⑤ 발달속도와 시기별 개인차가 있다.

051 발달에 대한 설명으로 틀린 것은? (14 지)

① 발달은 선천적인 요인에 의한 행동의 변화와 후천적인 요인에 의한 행동의 변화를 포함한다.

② 발달과업은 특정 발달단계에서 반드시 성취해야 할 과업을 말한다.

③ 피아제(Piaget)의 발생학적 인식론은 지식의 발달을 탐구하는 이론이다.

④ 비고츠키(L. Vygotsky)는 인지 불균형을 해소하는 과정에서 상위의 인지 구조가 출현한다고 보았다.

1) 개념

① 피아제(Piaget)는 우리의 인지가 환경과의 끊임없는 상호작용을 통해 발달한다고 하였다.

② 도식(schema)이라고 하는 인지구조를 끊임없이 재구성함으로써 주어진 환경에 효과적으로 맞추어 나간다.

③ 도식(schema): 사고의 기본단위, 조직화된 행동 및 사고형태를 의미한다.

④ 불평형(disequilibrium): 우리는 끊임없이 새로운 환경에 노출되며, 새로운 환경은 우리를 인지적 갈등(cognitive conflict)이 생기는 불평형상태로 만든다.

⑤ 적응(adaptation): 동화와 조절의 통합적 기능 (적응 = 동화 + 조절)

⑥ 동화: 자신의 기존 도식에 맞추어 새로운 지식이나 정보를 수용하는 것

⑦ 조절: 자신의 기존 도식을 새로운 지식이나 정보에 부합되도록 변화시키는 것

⑧ 평형화: 현재의 인지구조와 새로운 정보 간의 균형을 회복하는 과정

⑨ 조작: 논리적인 정신작용으로 Piaget는 과학자로서 논리적인 사고를 중요시하였기 때문에 조작(operation)의 발달에 주목하였다.

Keyword

2) 피아제(Piaget) 인지발달 단계: 사고의 질적변화

단계	연령	주요 특성
감각운동기	출생 ~ 2세 (영아기)	감각운동적 도식 발달 반사행동에서 목적을 가진 행동으로 발전 대상 영속성 습득: 대상이 시야에서 사라지더라도 계속 존재한다는 것을 인식하는 능력
전조작기	2~7세 (유아기)	언어와 상징과 같은 표상적 사고능력의 발달 직관적 사고와 중심화, 자아중심성 물활론: 생명이 없는 대상에게 생명과 감정을 부여하는 것
구체적 조작기	7~11세 (학령기)	구체적인 상황에서의 논리적 사고발달 가역성, 유목화, 서열화 개념 습득, 사회지향성 가역성의 개념을 획득하여 보존과제를 획득한다.
형식적 조작기	11세이후 (청소년기~)	논리적으로 추상적인 문제 해결 가설 연역적 추리 가능, 조합적 추리가능

① 보존성: 컵에 담겨져 있던 우유를 크기와 길이가 다른 컵에 옮겨 부어도 그 양이 동일하다는 것을 이해한다.

② 추상적사고: 비유, 풍자, 은유 등과 같은 복잡한 언어형식을 이해한다.

---

052 다음은 삐아제(J. Piaget) 이론의 인지발달 기제와 관련된 예화이다. ㉠, ㉡, ㉢에 해당되는 개념을 바르게 나열한 것은? (05 중등)

> 현아는 모둠 학습과제를 위해 디지털 카메라를 꺼내어 작동시켜 보았더니 고장이 나 있었다. 그래서 어머니께서 빌려다 주신 것을 사용하게 되었다. ㉠ 낯선 제품이었지만 평소 자기의 카메라를 다루던 방식으로 전원 스위치를 눌렀더니 작동이 되었다. 그러나 ㉡ 풍경모드로 전환하는 방식이 예전의 자기 것과는 달라 당황스러웠다. 현아는 ㉢ 기능 버튼을 이리저리 눌러 보고 새로운 제품의 사용방법을 익혔다. 그 결과 그 제품을 자유로이 다룰 수 있게 되었다.

	㉠	㉡	㉢		㉠	㉡	㉢
①	도식	조절	동화	②	조절	동화	도식
③	동화	비평형화	조절	④	조절	비평형화	동화

053 피아제(Piaget)의 인지발달 단계에서 구체적 조작기에 대한 설명으로 옳은 것만을 모두 고르면? (21 7급)

> ㄱ. 가설연역적 사고가 가능하다.
> ㄴ. 서열화와 분류가 가능하다.
> ㄷ. 상징을 형성하고 사용하는 능력이 발달하기 시작한다.
> ㄹ. 가역적 사고가 가능하다.

① ㄱ, ㄷ   ② ㄱ, ㄹ   ③ ㄴ, ㄷ   ④ ㄴ, ㄹ

054 다음 글에서 설명하고 있는 피아제(Piaget)의 인지발달 단계는? (12 7급)

> 한 아이에게 같은 양의 주스를 채운 두 개의 동일한 모양의 컵을 보여준다. 그런 다음에 한 컵의 주스를 지금보다 가늘고 긴 다른 컵에 옮겨 붓는다. 그리고 그 아이에게 어느 컵의 주스가 더 많은지 묻자 그 아이는 가늘고 긴 컵의 주스가 더 많다고 대답한다.

① 감각운동기   ② 전조작기
③ 구체적 조작기   ④ 형식적 조작기

1) 개념

① 비고츠키(Vygotsky)는 발달 수준을 실제적 발달 수준과 잠재적 발달 수준으로 구분하였다.

② 실제적 발달 수준은 아동이 주위의 도움 없이 스스로 문제를 해결할 수 있는 수준

③ 잠재적 발달 수준은 도움을 받아서 문제를 해결할 수 있는 더 높은 수준을 말한다.

④ 이 두 수준 사이에 존재하는 영역이 근접발달영역이다.

⑤ 근접발달영역(Zone of Proximal Development: ZPD)은 혼자서는 문제를 해결할 수 없지만, 성인의 안내를 받거나 친구와
협동하면 성공적으로 문제를 해결할 수 있는 영역

⑥ 비계설정(scaffolding)은 근접발달영역에서 제공되는 더 뛰어난 친구나 성인의 도움을 뜻한다.

⑦ Vygotsky는 Piaget와 달리 언어가 인지발달에 중요한 역할을 한다고 하였다.

⑧ 비고츠키는 아동의 자기중심적 언어가 문제해결을 위한 사고의 도구라고 주장하였다.

⑨ Vygotsky는 비계설정을 포함하여 대부분의 사회적 상호작용이 언어를 통해 이루어지며 언어는 학습자로 하여금
다른 사람이 이미 가지고 있는 지식에 접근하도록 해 준다고 하였다.

Keyword

피아제 이론과 비고츠키 이론의 차이점

	피아제(인지적 구성주의)	비고츠키(사회적 구성주의)
공통점	인지발달에서 환경과의 상호작용을 강조	
아동관	꼬마 과학자 스스로 세계를 구조화	사회적 존재 타인과 관계에 영향
지식형성과정	개인 내적 지식이 사회적 지식으로 확대 또는 외면화 된다.	사회적 지식이 개인 내적 지식으로 내면화 된다.
환경	물리적 환경 중시	사회, 문화, 역사적 환경중시
학습과 발달의 관계	발달에 기초하여 학습이 이루어진다.	학습은 발달을 주도한다.
인지발달과 언어	인지 발달 후 언어발달	언어발달이 인지를 발달
혼잣말	미성숙하고 자기중심적인 성향을 대변하는 표상이다.	자신의 사고와 행동을 지도하기 위한 수단, 문제해결을 위한 사고의 도구이다.
경험제공	평형화를 깨뜨리는 경험	발판을 제공하고 상호작용

055 피아제(J.Piaget)와 비고츠키(L.S.Vygotsky)의 발달이론이 지닌 공통점은?
(11 7급)

① 인지발달 단계를 4단계로 구분하였다.

② 인지발달에서 환경과의 상호작용을 강조했다.

③ 인지발달이 학습에 선행하는 것으로 보았다.

④ 자기중심적 언어를 문제해결의 도구로 보았다.

056 〈보기〉에서 비고츠키(L. Vygotsky)의 견해와 부합하는 것을 고르면?
(08 초등)

> 가. 적절한 학습이 발달을 촉진한다.
> 나. 언어가 사고발달을 촉진하기보다는 사고가 언어발달을 촉진한다.
> 다. 아동은 혼자서 세계에 대한 폭넓은 이해를 구성하는 작은 '과학자'이다.
> 라. 아동의 인지발달을 위해 성인이나 유능한 또래와의 협동적인 상호작용
> 이 중요하다.

① 가, 다   ② 가, 라   ③ 나, 다   ④ 나, 라

057 비고츠키(L. Vygotsky)의 관점에 부합하지 않는 것은? (05 초등)

① 언어가 사고를 발달시키기보다는 사고가 언어 발달을 촉진한다.

② 교사의 역할은 역동적 평가를 통해 학습 잠재력을 확인하는 일이다.

③ 교사는 협력적인 학습 환경을 조성함으로써 아동의 학습을 촉진할 수 있다.

④ 아동의 인지 발달은 더 성숙하고 유능한 사람과의 상호작용을 통해 촉진될
수 있다.

1) 개념

① 에릭슨은 Freud의 이론을 사회·환경적 상황과 연계하여 확대하였다.

② Erikson은 점진적 분화의 원리(epigenetic principle)에 의해 심리사회적 발달이 이루어진다고 보고, 아동의 자아정체감 발달과 사회화에 관심을 기울였다.

③ 각 단계에는 심리사회적 위기(psycho-social crisis)가 있으며, 각 단계의 위기를 성공적으로 해결했을 때 성격발달이 제대로 이루어진다고 보았다.

④ 현 단계의 위기를 극복하지 못해도 다음 단계로 넘어갈 수 있음

⑤ 청소년기에는 이전 단계에서의 발달적 위기가 반복

⑥ 인생 주기 단계에서 심리사회적 위기가 우세하게 출현하는 최적의 시기는 개인에 따라 차이가 있지만, 그것이 출현하는 순서는 불변한다고 가정

⑦ 심리적 유예(心理的 猶豫, psychological moratorium): 정체성 탐색은 일종의 자아 붕괴에 직면했을 때 이를 극복하려는 과정으로 볼 수 있다. 청년은 이러한 과정을 통해서 새로운 가능성을 발견하는 한편 자아 기대를 포기하고 한계를 인정하는 과정을 통해서 객관적인 자아정체성을 획득하게 된다. 이러한 과정에서 청년은 절망하고 방황하게 되는데, 이를 Erikson은 심리적 유예라고 불렀다.

2) 에릭슨(E. Erikson)의 심리사회적 발달단계

심리사회적 위기	연령	주요 사회관계	바람직한 결과
신뢰 대 불신	출생~ 18개월	어머니	신뢰, 희망
자율성 대 수치 및 의심	18개월~ 3세	부모	의지
주도성 대 죄의식	3~6세	가족	목적, 의도
근면성 대 열등감	6~12세	이웃, 학교	유능감
정체감 대 역할혼미	청년기	또래집단, 리더십모델	성실, 충성
친밀성 대 고립	성인 전기	친구, 연인, 회사동료	사랑
생산성 대 침체	성인 중기	노동분화와 가사분담	배려
통합성 대 절망	노년기	인류	지혜

3) 마샤(J. Marcia)의 정체성 지위이론(identity status)

정체성 지위	위기(정체성 노력)	전념(몰입)	설명
정체감 혼미	×	×	삶의 방향성이 결여되어 있는 상태
정체감 상실	×	○	스스로 심각하게 생각하거나 의문을 갖지 않고 타인의 가치를 받아들이는 상태
정체감 유예	○	×	현재 정체감 위기나 변화를 경험하고 있는 상태로 정체감 확립을 위해 노력한다.
정체감 성취	○	○	삶의 위기를 경험하고 확실하고 변함없는 자아정체감 확립

Keyword

058 에릭슨(Erikson)의 심리사회적 발달이론에서 (가)~(라)에 들어갈 발달단계를 A~D와 바르게 연결한 것은? (21 7급)

신뢰감 대 불신감 - (가) - (나) - 근면성 대 열등감 - (다) - (라) - 생산성 대 침체감 - 통합성 대 절망감

A. 자율성 대 수치심과 회의
B. 주도성 대 죄책감
C. 정체성 대 역할혼미
D. 친밀감 대 고립감

	(가)	(나)	(다)	(라)		(가)	(나)	(다)	(라)
①	A	B	C	D	②	A	B	D	C
③	B	A	C	D	④	B	A	D	C

059 에릭슨(Erikson)의 심리사회적 발달이론 중, 각 단계에서 직면하는 위기와 단계별로 획득해야 할 기본 덕목이 올바르게 연결된 것은? (03 중등)

	발달 단계	위기 (적응중·부적응적 대처양식)	기본 덕목
①	영아기	주도성 대 죄책감	능력
②	유(幼)아기	신뢰감 대 불신감	의지력
③	청년기	자아정체감 대 역할 혼미	충성심
④	성인기	생산성 대 자아통정	지혜

060 마샤(Marcia)의 정체성 지위 이론에서 다음의 특징에 해당하는 것은?
(24 국)

• 정체성 위기의 상태에 있다. • 구체적인 과업에 전념하지 못하고 있다. • 자신의 정체성에 대해 적극적으로 탐색한다

① 정체성 동요(identity agitation) ② 정체성 상실(identity foreclosure)
③ 정체성 유예(identity moratorium) ④ 정체성 혼미(identity diffusion)

1) 유리 브론펜브레너(U. Bronfenbrenner): 생물생태학적 접근

① 미시체계(microsystem): 개인에게 가장 근접해 있으며 개인과 직접적인 상호작용을 하는 환경체계다. (가족, 학교, 또래 친구, 놀이터, 거주지역)

② 중간체계(mesosystem): 둘 또는 그 이상의 미시체계가 상호 관련되어 서로 영향을 주고받는 양방향 관계다(예 부모-교사 관계, 가정-학교 관계, 부모-또래 친구 관계)

③ 외체계(exosystem): 개인에게 직접 영향을 미치지는 않지만 미시체계나 중간체계에 영향을 미침으로써 개인에게 간접적인 영향을 주는 생태체계를 말한다. (부모의 직장, 교육청)

④ 거시체계(macrosystem): 미시체계, 중간체계, 외체계를 모두 포함하는 환경체계다. (문화, 신념, 가치관, 전통, 관습, 정치적 이념, 법률제도 등)

⑤ 시간체계(chronsystem, 연대체계): 개인이 생활하는 시대적 배경, 역사적조건, 개인의 전 생애에 걸쳐 일어나는 변화를 포함한다. 예를 들면 청소년기에 부모의 이혼이 있다.

2) 셀만(Selman)의 사회적 조망수용이론 단계

(1) 0단계: 자기중심적 관점수용단계(3~6세)

타인을 자기중심적으로 보기 때문에 타인이 자신과 다른 관점(생각, 느낌을 가지고 있다는 것을 이해하지 못한다. 즉, 다른 사람도 자신의 견해와 동일한 견해를 갖는다고 지각한다.

(2) 1단계: 주관적 조망수용단계(6~8세)

동일한 상황에 대한 타인의 조망이 자신의 조망과 다를 수 있다는 것까지는 이해하지만 아직도 자기의 입장에서 이해하려고 한다. 자신의 행동을 다른 사람의 조망을 통해 평가하기 어렵다.

(3) 2단계: 자기반성적 조망수용단계(8~10세)

타인의 조망을 고려할 수도 있고 타인도 자기의 조망을 고려할 수 있다는 것을 인식한다. 다른 사람이 자신의 행동에 대해 어떻게 생각하는지 알 수 있으며, 다른 사람이 서로 다르게 생각하고 느낀다는 것을 안다. 다른 사람의 입장이 되어서 그 사람의 의도와 목적, 행동을 이해할 수 있다. 그러나 이러한 과정을 동시 상호적으로 하지는 못한다.

(4) 3단계: 상호적 조망수용단계(10~12세)

동시 상호적으로 자기와 타인의 조망을 각각 이해할 수 있다. 다른 사람과의 관계 혹은 상호작용 속에서 발생하는 문제에 대해 제3자의 입장에서 객관적으로 생각하게 된다.

(5) 4단계: 사회적 조망수용단계(12~15세)

동일한 상황에 대해 다른 생각을 한다고 해서 그 조망이 틀렸다고 인식하지 않으며, 자신이 다른 사람의 조망을 완전하게 이해하지 못한다는 것을 인식한다. 사회 구성원이 갖는 일반화된 조망을 이해할 수 있다. 이것은 사회관계를 이해하는 능력이 더욱 심층적으로 발달하게 된다는 것을 의미한다. 사회체계를 사회의 많은 구성원이 공유하는 견해의 결과라고 생각하기 시작하므로 사회적 합의나 타인의 견해 등에 대해 관심이 많아지게 된다. 자기와 타인을 포함하여 개인은 물론 집단과 전체 사회체계의 조망을 이해하는 최상의 사회인지를 획득한다.

Keyword

061 브론펜브레너(U. Bronfenbrenner)에 의해 제안된 인간발달의 생태이론에서 중간체계(mesosystem)에 대한 설명으로 가장 적절한 것은? (15국)

① 아동이 속해 있는 사회의 이념, 가치, 관습, 제도 등을 의미한다.

② 아동과 아주 가까운 주변에서 일어나는 활동과 상호작용을 나타낸다.

③ 가정, 학교, 또래집단과 같은 미시체계들 간의 연결이나 상호관계를 나타낸다.

④ 아동이 직접적으로 접촉하고 있지는 않지만 아동에게 영향을 주는 환경(부모의 직장, 보건소 등)을 나타낸다.

1) 피아제(Piaget)의 도덕성 발달이론: 아동 중심

① 전도덕성 단계(pre-moral stage, 4세: 감각운동기): 아동은 규칙을 전혀 이해하지 못하며 규칙을 따라야 한다는 생각도 거의 없다.

② 타율적 도덕성 단계(heteronomous stage, 5~6세: 전조작기): 5~6세의 아동은 규칙과 질서를 절대적인 것으로 인식하는 도덕적 사실주의(moral realism)를 따른다.

③ 자율적 도덕성 단계(autonomous stage, 8세~: 구체적조작기): 규칙이나 질서가 다른 사람과의 협의에 의해 결정된다는 것을 이해하고 다른 사람과의 상호작용을 고려하며 행동의 결과보다는 의도를 기준으로 선악을 판단할 수 있다.

2) 콜버그(Kohlberg)의 도덕성 발달이론: 아동~성인

① Kohlberg는 도덕적 딜레마(moral dilemmas)나 어려운 결정을 해야 하는 가설적 갈등상황을 제시하고 '어떻게 하겠는가?' '왜 그렇게 해야 하는가?'를 질문하였다.

② 이러한 질문에 대하여 '예', '아니요' 라는 응답에 관심을 둔 것이 아니라 왜 그렇게 생각하는지의 이유를 분석함으로써 옳고 그름에 대한 도덕적 판단, 도덕적 추론(moral reasoning)의 발달 순서를 세 가지 수준으로 구분하였고, 각 수준을 하위 단계로 나누어 설명하였다.

콜버그(Kohlberg)의 도덕성 발달단계

인습이전수준	1단계: 복종과 처벌 지향	어떻게 처벌을 면할 수 있을까? 벌인가 칭찬인가 또는 행위를 강요하는 사람이 누구인가에 의해 선악이 판별된다.
	2단계: 개인적 쾌락주의	나에게 뭐가 좋아? 아동 자신의 욕구충족이 도덕 판단의 기준이며, 다른 사람의 욕구충족을 고려하지만 자신의 욕구충족을 우선 생각한다.
인습수준	3단계: 착한 소년/소녀 지향	다른 사람을 기쁘게 하고, 도와주는 행위여부가 선악을 결정하며 타인의 승인을 중요하게 생각한다.
	4단계: 사회질서와 권위 지향	법은 절대적이고 사회질서는 유지되어야 한다. 개인적인 문제보다 전체를 위한 의무감을 더욱 중요하게 여긴다. 즉, 주어진 사회질서를 유지하려는 행동이 나타난다.
인습이후수준	5단계: 사회계약 지향	법의 사회적 유용성에 대한 합리적 고려에 따라 법이 바뀔 수도 있다고 생각한다. 인간으로서의 기본 원리에 따라 행동한다.
	6단계: 보편적 원리 지향	스스로 선택한 도덕원리에 따른 양심적인 행위가 곧 올바른 행위가 된다.

Keyword

062 다음 글과 가장 적합한 콜버그(L. Kohlberg)의 도덕성 발달단계는? (11국)

> • 주변에서 착한 아이라는 말을 듣기 좋아한다.
> • 부모님을 기쁘게 해 드리기 위해 열심히 공부한다.
> • 부모님이 걱정하시지 않도록 일찍 귀가한다.

① 처벌 - 복종지향 단계
② 상대적인 쾌락주의 단계
③ 대인관계 조화 단계
④ 법과 질서의 도덕적 추론 단계

063 콜버그(Kohlberg)의 도덕성 발달 단계에 따른 도덕적 판단의 예가 옳게 연결되지 않은 것은? (14 7급)

① 1단계 - 들키지만 않으면 좋은 점수를 받기 위해서 부정행위를 해도 괜찮다.
② 2단계 - 불쌍한 사람을 위해서는 내가 조금 누명을 써도 괜찮다.
③ 3단계 - 부모님을 실망시키지 않기 위해서 바른 행동을 해야 한다.
④ 4단계 - 금전적 손실이 있더라도 법으로 정해진 세금을 꼬박꼬박 내야 한다.

064 〈보기〉는 콜버그(L. Kohlberg)의 도덕발달 단계 중 일부 단계의 도덕적 판단 근거를 기술한 것이다. 발달 순서대로 바르게 나열한 것은? (06 중등)

ㄱ. 물질적 보상과 벌	ㄴ. 타인의 칭찬과 인정
ㄷ. 사회적 관습과 법	ㄹ. 보편적 도덕원리와 양심

① ㄱ-ㄴ-ㄷ-ㄹ
② ㄱ-ㄷ-ㄴ-ㄹ
③ ㄷ-ㄱ-ㄴ-ㄹ
④ ㄷ-ㄴ-ㄱ-ㄹ

1) 길리건(Gilligan)의 도덕성 발달

① 길리건은 「다른 목소리로(In a Different Voice)」라는 저서에서 서양의 기존 윤리관을 남성중심의 성차별적 윤리관으로 규정하고 이에 대한 대안으로서 배려의 윤리를 주장하였다.

② Gilligan은 Kohlberg의 도덕성 발달이론이 추상적인 도덕원리를 강조하며, 백인 남성과 소년만을 대상으로 도덕성 발달단계를 설정한 것에 대해 비판하였다.

③ 남성은 추상적 판단에 기초한 정의관점으로 도덕적 판단을 하고, 여성은 인간관계와 타인을 돌보는 것을 기초로 하는 배려와 책임감을 중심으로 판단한다.

④ 여성의 도덕성 발달단계는 세 가지 수준의 단계와 각 단계 사이의 2개의 전환기로 설명

2) 길리건(Gilligan)의 도덕성 발달단계

① [수준 1] 자기 지향(orientation to individual survival): 여성이 자기의 이익과 생존에 자기중심적으로 몰두하는 단계이다. 어떤 상황이나 사건이 자신의 욕구와 갈등을 일으킬 때에만 도덕적 사고와 추론을 시작하며, 어느 쪽이 자신에게 중요한가가 판단의 준거가 된다.

② [전환기 1] 이기심에서 책임감으로(from selfishness to responsibility): 첫 번째 전환기에서는 애착과 다른 사람과의 관계 형성이 중요해진다. 도덕적 판단 기준이 독립적이고 이기적인 것에서 관계와 책임감으로 옮겨 가기 시작한다. 책임 감과 배려를 도덕적 판단 기준으로 통합해 간다.

③ [수준 2] 의 자기희생으로서의 선(goodness as self-sacrifice): 사회적 조망이 발달하면서 자신의 욕구를 억제하고 타인의 요구에 응하려 노력하게 되고 타인에 대한 배려, 책임감, 자기희생을 지향한다. 이 수준에서는 개인이 다른 사람과의 관계를 유지하기 위해서 자신의 주장을 포기한다. 다른 사람에게 상처를 줄 때 불평형이 일어나고 자기희생과 타인에 대한 배려를 선한 것으로 간주한다. 그러나 이 수준에서의 타인은 사적인 관계이며, 공적인 관계를 의미하지 않는다.

④ [전환기 2] 선에서 진실로(from goodness to truth): 두 번째 전환기에서는 왜 다른 사람을 위해서 자신을 희생해야 하는 가에 대한 의문을 가진다. 도덕적 판단 기준이 자신 주변의 타인과의 일치에서 보다 넓은 범위의 타인의 욕구와 통합되는 것으로 발전해 간다. 두 번째 전환기는 자아개념과 관련된다.

⑤ [수준 3] 비폭력 도덕성(the morality of nonviolence): 대인 간 도덕적 추론의 마지막 단계이다. 개인의 권리 주장과 타인에 대한 책임이 조화를 이룬다. 의사결정 과정에 적극적으로 참여하고, 다른 사람에게 상처 주는 것을 피한다. 자신에 대한 이해와 도덕성에 대한 재정의를 형성한다. 비폭력, 평화, 박애 등은 이 시기 도덕성의 주요 지표이다.

Keyword

---

065 콜버그(L. Kohlberg)의 도덕성 발달이론에 대한 설명으로 옳은 것을 〈보기〉에서 고른 것은? (16 지)

> ㉠ 피아제(J. Piaget)가 구분한 아동의 도덕성 발달단계를 더 세분화하여 성인 기까지 확장하였다.
>
> ㉡ 도덕적 사고력을 길러 주기 위해서는 성인에 의한 사회적 전수가 중요한 교육방법이라고 하였다.
>
> ㉢ 다섯 번째 단계인 '사회계약 정신 지향' 단계에서는 '착한 소년ㆍ소녀'처럼 타인으로부터 도덕적이라고 인정받는 것이 중요하다.
>
> ㉣ 길리건(C. Gilligan)은 콜버그의 도덕성 발달이론에 대해 남성 중심의 이론 이며 여성의 도덕성 판단기준은 남성과 다르다고 비판하였다.

① ㉠, ㉢ ② ㉠, ㉣ ③ ㉡, ㉢ ④ ㉡, ㉣

066 길리건(Gilligan)의 도덕성 발달이론의 특징에 대한 설명으로 맞지 않는 것은? (11 5급)

① 여성은 정의와 개인의 권리라는 관점에서 도덕적 판단을 하는 경향이 있다.

② 남성과 여성의 도덕적 지향과 선호는 다르다.

③ 여성의 도덕성은 인간관계에서의 보살핌과 애착을 강조하는 대인지향적이다.

④ 도덕성에서 감정과 정서가 중요한 역할을 한다.

⑤ 여성들의 도덕성 발달이론을 3단계와 2개의 과도기로 제시하였다.

1) 주요 개념

① 고전적 조건형성은 러시아의 생리학지 Ivan Pavlov에 의해 체계화된 이론이다. 그는 개의 타액 분비반응에 관한 실험에서 자극-반응이 연합되는 학습과정을 설명하였다.

② 무조건 자극(Unconditioned Stimulus: US): 자동적으로 정서적, 생리적 반응을 일으키게 하는 자극, 무조건 반응(침)을 일으키는 자극(고기)

③ 무조건 반응(Unconditioned Response: UR): 무조건 자극(고기)으로 인해 나타나는 자연적, 자동적 반응(침)

④ 중성자극(Neutral stimulus: NS): 의도한 반응을 일으키지 못하는 자극(종소리)

⑤ 조건자극(Conditioned Stimulus: CS): 무조건 자극(고기)과 중성자극(종소리)의 결합으로 조건형성된 이후 정서적, 생리적 반응을 일으키는 자극(실험 후 종소리)

⑥ 조건반응(Conditioned Response: CR): 조건자극에 의해 유도되는 학습된 반응(종소리에 침)

분류	구분	파블로프의 실험	시험 불안 사례
조건화 이전	무조건 자극(US)	고기	시험 실패
	무조건 반응(UR)	고기를 보고 침 흘리기	시험 실패에 대한 좌절감
조건화 이후	조건 자극(CS)	종소리	시험
	조건 반응(CR)	종소리를 듣고 침 흘리기	시험 불안

2) 노출법(exposure)

노출법은 내담자가 두려워하는 자극이나 상황에 반복적으로 노출시켜 직면하게 함으로써 특정 자극 상황에 대한 불안을 감소시키는 방법이다. 노출법에는 실제적인 불안자극에 직접 노출시키는 실제상황 노출법과 상상을 통해 불안자극에 노출시키는 심상적 노출법이 있는데, 상상적 노출보다는 실제 상황에서의 노출이 더 효과적인 것으로 알려져 있다. 또한 낮은 불안을 유발하는 자극으로부터 점점 강도를 높여 가는 점진적 노출법, 처음부터 강한 불안을 유발하는 자극에 노출시키는 급진적 노출법이 있다. 급진적 노출법 중 하나인 홍수법(flooding)은 내담자에게 강한 불안을 유발하는 자극이나 심상을 노출시키고 불안이 감소될 때까지 노출을 계속하는 방법이다. 이러한 급진적 노출법은 내담자의 불안을 높여 불쾌감을 줄 수 있으므로 신중하게 사용되어야 한다.

3) 체계적 둔감법

불안과 공포 등 부정적 정서를 치료하는 기법으로, 긴장을 이완한 상태에서 부정적 정서를 가지게 하는 원인의 가장 낮은 단계부터 점차 경험하게 하여 부정적 정서를 극복하도록 하는 것으로 이완된 상태에서 불안을 유발하는 상황들을 생각하도록 함으로써 불안과 병존할 수 없는 이완을 연합시켜 불안을 감소 또는 소거시키는 기법이다.

Keyword

067 〈보기〉는 초등학교 교사가 행동주의 학습이론을 교실 수업에 적용한 사례들을 제시한 것이다. 고전적 조건형성의 원리에 기초하고 있는 교사의 행동을 고른 것은? (09 초등)

> ㄱ. 김 교사 - 수학 시간에 학생들에게 '$\frac{1}{2}+\frac{1}{4}=$?'의 문제를 내 주고 먼저 풀이 과정에 대한 시범을 보인 후, 학급의 모든 학생이 다 풀 수 있을 때까지 연습을 시켰다.
>
> ㄴ. 박 교사 - 신학기 첫날부터 매일 아침, 반 학생들에게 반갑게 미소를 짓고 등을 다독이며 친근감을 표시하고, 자주 유머를 사용하여 그들을 즐겁게 해 주려고 노력하였다.
>
> ㄷ. 정 교사 - 반 학생들에게 과제를 제시한 후 교실을 돌아다니면서, 조용히 과제를 수행하고 있는 학생에게 도서상품권을 나누어 주고 서점에서 책을 살 때 사용하도록 하였다.
>
> ㄹ. 최 교사 - 일제고사를 앞둔 학생들에게 시험범위는 물론 문제형식과 수험요령 등 관련 정보를 자세히 알려 주고, 시험 직전에는 심호흡을 유도하여 그들의 불안감을 해소해 주려고 노력하였다.

① ㄱ, ㄴ   ② ㄱ, ㄷ   ③ ㄴ, ㄷ
④ ㄴ, ㄹ   ⑤ ㄷ, ㄹ

068 행동치료의 방법 중 체계적 둔감법에 대한 설명으로 옳은 것은? (20 7급)

① 처음부터 강한 불안을 유발하는 자극에 노출하고 불안이 감소될 때까지 노출을 계속하는 방법이다.

② 바람직한 행동을 했을 때 토큰을 나누어 주어 일정한 개수가 모이면 실제적인 강화물로 교환해 줌으로써 바람직한 행동을 유도하는 방법이다.

③ 근육을 이완시킨 상태에서 불안을 유발하는 상황을 약한 것에서부터 강한 것까지 차례로 경험시킴으로써 특정 사태에 대한 불안을 제거하는 방법이다.

④ 부적응적인 행동에 대해서는 강화물을 제거하고, 새로운 적응적 행동에 대해서는 긍정적 강화를 줌으로써 문제행동을 교정하고 바람직한 행동을 습득하게 하는 방법이다.

1) 개요

① 손다이크는 결합설(connectionism)로 불리는 학습이론을 제창했다.

② 자극과 반응 간의 결합을 학습의 토대로 강조한 그에 따르면 가장 기본적인 학습은 감각경험(자극의 지각)과 신경충동(반응) 사이의 연합 또는 결합을 형성하는 것이다.

2) 시행착오학습

① 시행착오학습이란 문제상황에서 적절한 반응을 선택하고 결합하는 과정(selecting and connecting)을 통해서 일어나는 학습이다.

② 시행착오학습은 성공적인 반응이 결합되고, 바람직하지 못한 반응이 소거되는 점진적인 과정을 통해 일어난다.

③ 시행착오학습에서 자극과 반응의 결합은 반복을 통해 기계적으로 형성되며, 의식적인 노력은 전혀 필요하지 않다.

3) 연합설의 주요 학습법칙

① 효과의 법칙: Thorndike의 학습이론의 중심법칙인 효과의 법칙(效果의 法則, law of effect)은 만족스러운 결과(보상, reward)가 수반된 반응은 나타날 확률이 증가하고, 불만족스러운 결과(처벌, punishment)가 수반된 반응은 나타날 확률이 감소한다는 법칙이다. (Thorndike는 1930년 이후 보상이 처벌보다 더 강력한 영향력을 미친다는 사실에 근거하여 효과의 법칙을 수정했다. 수정된 효과의 법칙에 따르면 보상은 행동의 확률을 증가시키지만, 처벌은 행동의 확률을 거의 감소시키지 않는다.)

② 연습의 법칙: 연습의 법칙의은 연습횟수 혹은 사용빈도가 증가할수록 자극-반응 결합이 강해지고(사용의 법칙, law of use), 연습횟수 혹은 사용빈도가 감소할수록 자극-반응 결합이 약화된다(불사용의 법칙, law of disuse)는 법칙이다. (수정된 법칙에 따르면 보상이 수반되지 않는 단순반복은 반응을 강화시키지 않으며, 단순히 연습하지 않는다고 해서 반응이 약화되는 것은 아니다.)

③ 준비성의 법칙: 어떤 반응을 수행할 신경생리학적 준비가 되어 있을 때 반응을 하면 만족스럽지만 준비가 되어 있지 않을 때 반응을 강요하거나 준비가 되었는데도 반응을 허용하지 않으면 불만족스러운 결과가 초래된다는 법칙이다.

Keyword

069 다음 설명에 해당하는 학습이론은? (23.7급)

- 학습이란 시행착오의 과정을 통해 이루어진다.
- 시행착오 학습은 성공적인 반응이 결합되는 점진적인 과정을 통해 일어난다.
- 쓴다이크(E. L. Thorndike)에 의해 체계화된 이론이다.

① 통찰설
② 자극 - 반응 연합설
③ 조작적 조건형성설
④ 목적적 행동주의설

1) 주요 개념

① 조작적 조건화는 행동의 결과에 따라 이후 행동의 변화가 일어난다고 설명한다.

② 고전적 조건형성이 반응을 유발하는 자극에 관심을 갖고 있다면,

③ 조작적 조건형성은 자극보다는 행동의 결과에 관심을 둔다.

④ 즉, 어떤 행동을 하고 난 후 결과가 좋은지 나쁜지에 따라 행동의 지속 여부가 달라진다.

⑤ 고전적 조건형성에서의 강화는 학습을 일으키기 위한 결합을 돕는 역할을 하지만 강화 없이도 학습은 일어날 수 있다.

⑥ 그러나 조작적 조건형성에서 강화는 학습을 일으키는 중요한 조건이 된다.

2) 강화: 바람직한 행동을 습득하고 행동의 발생 빈도를 증가시키는 것
벌: 바람직하지 않은 행동의 발생 빈도를 약화시키는 것

분류	자극 제시	자극 제거
행동 촉진	정적 강화 (칭찬, 성적, 스티커)	부적 강화 (학습규칙 잘 지킬 시 청소면제)
행동 감소	수여성 처벌 (꾸중, 체벌)	제거성 처벌 (수업시간에 자리 이탈하는 학생은 자유시간 박탈)

① 일차적 강화물이란 그 자체로 강화능력을 가지고 있어 생리적 욕구를 충족해 주는 것으로서 음식물이나 물 같은 것이 해당된다.

② 이차적 강화물이란 그 자체로 강화능력을 가지지 않는 중립자극이 강화능력을 가지고 있는 자극과 결합되어 강화의 속성을 갖고 있는 것으로 돈, 토큰(별 도장, 스티커 차트 등)이 해당된다.

3) 강화계획

① 고정간격 강화계획(fixed interval schedules)은 일정한 시간 간격을 기준으로 강화가 제시되는 것을 의미한다.

② 변동간격 강화계획(variable interval schedules)은 강화가 제시되는 시기를 학생들이 예측할 수 없도록 설정하여 행동의 빈도를 증가시키고 유지하는 방법이다.

③ 고정비율 강화계획(fixed ratio schedules)은 정해진 반응 횟수에 따라 강화물이 제시되는 것을 의미한다.

④ 변동비율 강화계획(variable ratio schedules)은 학생들이 강화물을 얻기 위해서 수행해야 하는 수행 횟수를 전혀 예측하지 못하도록 강화물을 제시하는 것을 의미한다.

Keyword

070 다음에 해당하는 학습원리는? (21 국)

> • 학습태도가 좋은 학생을 칭찬한다.
> • 미술시간에 과제를 잘 수행한 학생의 작품을 전시한다.

① 정적 강화　　　　　② 부적 강화

③ 수여성 벌　　　　　④ 제거성 벌

071 다음은 조작적 조건형성을 위한 방법을 제시한 것이다. 라에 해당하는 조건형성의 예를 적절히 기술한 것은? (04 초등)

강화자극		자극의 성질	
		유쾌	불쾌
제시 방식	제시	가	나
	제거	다	라

① 숙제를 다 하면 나가서 놀게 한다.

② 관심을 끌려는 행동을 모른 체 한다.

③ 소란을 피울 때 자유시간을 박탈한다.

④ 착한 일을 할 때 교실청소를 면제한다.

1) 행동주의 교육적 적용

① 행동목표: 학습성과를 관찰 및 측정이 가능하도록 구체적으로 진술
② 프로그램 수업(PI): 프로그램 수업은 학습과제를 여러 개의 작은 단위로 세분한 다음 순서대로 배열하여 학습자가 자기 자신의 속도에 맞추어 단계별로 학습하도록 만든 일종의 자기학습자료를 말한다.
③ 컴퓨터보조수업(Cal): 프로그램 수업자료를 컴퓨터를 활용하여 제시하는 수업을 말한다.
④ 완전학습: 미국의 대학에서 광범하게 활용된 개별화수업체제는 완전학습의 한 형태다.

2) 프리맥(Premack)의 원리

학습자에게 빈번하게 발생하는 행동이 상대적으로 덜 빈번하게 일어나는 행동의 빈도를 증가시키기 위한 강화물로 사용될 수 있다는 것을 의미한다.
⑤ 독서를 싫어하는 아이에게 독서를 하면 좋아하는 축구를 하게 해 주겠다고 한다.

3) 행동조성(조형)

강화를 이용해서 목표행동을 점진적으로 형성하는 기법이다. 행동조성은 정적 강화를 포함하고 있지만 목표행동에 점진적으로 접근하는 행동만 강화한다는 점에서 단순한 정적 강화와 다르다.

4) 소거(消去, extinction)

강화를 주지 않을 때 반응의 확률이나 강도가 감소하는 현상이다. 따라서 바람직하지 못한 행동을 소거시키자면 그 반응을 할 때 강화를 주지 않으면 된다.
⑤ 수업시간에 발표를 하기 위해 열심히 손을 들어도 교사가 계속 지명하지 않으면 손을 들지 않게 되는 것은 소거되었기 때문이다. 보채는 아이를 무시하는 부모나 교실에서 떠드는 학생을 무시하는 교사는 소거절차를 활용하고 있다.

5) 행동수정

특정 행동을 변화시키기 위해 강화와 벌을 이용하여 체계적으로 조작적 조건형성 원리를 적용하는 방법으로, 나쁜 습관이나 문제행동을 교정하고 바람직한 행동을 습득시키는 데 효과적이다.

Keyword

072 다음과 같은 강화계획의 유형은? (04 중등)

> 스티커 10장을 모으면 환경왕 메달을 수여하기로 하고, 교실 바닥의 쓰레기를 줍거나 거울을 닦는 등 환경 미화를 위한 바람직한 행동을 한 번 할 때마다 스티커를 하나씩 주었다.

① 고정비율 ② 고정간격
③ 변동간격 ④ 변동비율

073 영희는 수학시간에 5개의 문제를 잘 풀어 담임선생님으로부터 칭찬을 받았고, 국어시간에도 3개의 문제를 잘 풀어 담임선생님으로부터 칭찬을 받았다. 영희의 담임선생님이 사용한 강화계획은? (01 초등)

① 고정비율강화 ② 변동비율강화
③ 고정간격강화 ④ 변동간격강화

074 놀기를 좋아하고 수학공부를 싫어하는 민지에게 어머니께서는 "수학 공부를 2시간 하면, 1시간 놀 수 있도록 해 주겠다."고 말씀하셨다. 민지의 어머니가 적용한 강화 기법은? (06 중등)

① 비율 강화 ② 사회적 강화
③ 행동 연쇄법 ④ 프리맥 원리(Premack)

1) 개요

① 행동주의 이론이 지나치게 행동의 결과에 집착하였음을 비판하였다.
② 고전적, 조작적 조건화의 원리만으로는 해결하기 힘든 현상을 설명하였다.
③ 관찰학습: 학습은 단순히 모델을 관찰하는 것만으로도 이루어질 수 있다.
④ 학습에서는 개인의 신념, 자기 지각 등과 같은 인지적 요인들의 역할이 중요하다.
⑤ 반두라(Bandura)의 이론을 사회인지이론(social cognitive theory)이라고 부르는 이유는 그가 이러한 인지적 속성을 강조하기 때문이다.

2) 주요 개념

① 모델링: 특정행동을 관찰하고 흉내 내는 과정
② 대리적 조건 형성: 다른 사람의 행동에 제공되는 강화와 벌을 관찰하고, 그 행동의 빈도 정도가 형성되는 과정
③ 관찰학습: 타인이나 주변에 일어나는 일에 선택 주의집중하여 정보와 기술을 획득하는 과정
④ 관찰학습단계: 주의집중 - 파지 - 재생(운동) - 동기화
⑤ 자기효능감: 과제를 성공적으로 수행하는 데 요구되는 개인의 능력에 대한 자신의 판단 또는 신념
⑥ 자기효능감 요인: 성공경험, 모델링, 사회적 설득, 심리적 상태
⑦ 자기조절: 학습자가 스스로 설정한 목표를 달성하기 위해 체계적으로 인지, 행동정서를 조절하고 유지하는 과정
⑧ 자기조절 단계: 자기관찰, 자기판단, 자기반응

행동주의 학습이론과 사회인지 학습이론의 비교

구분	행동주의 학습이론	사회인지 학습이론
공통점	• 강화와 처벌의 개념을 받아들인다. • 학습의 요인으로 경험의 중요성을 인정한다. • 행동을 촉진하기 위해서는 피드백이 중요하다고 본다.	
차이점	• 관찰 가능한 행동의 변화 • 개인이 환경으로부터 일방적인 영향을 받는 관계	• 정신구조(기대, 신념)의 변화 • 개인과 환경이 서로 영향을 주고받는 관계
강화	• 외적강화	• 내적강화

Keyword

075 다음에 해당하는 이론은? (21 7급)

> • 특정한 행동을 관찰하고 흉내내는 모델링
> • 타인의 행동을 관찰함으로써 학습이 되는 대리학습
> • 타인의 행동을 관찰하고 유사한 행동을 하는 관찰학습

① 톨만(Tolman)의 잠재학습
② 반두라(Bandura)의 사회인지학습이론
③ 쾰러(Köhler)의 통찰학습
④ 브루너(Bruner)의 발견학습

076 〈보기〉에서 사회학습이론(social learning theory)에 기초한 것끼리 묶인 것은?
(08 중등)

> ㄱ. 통찰학습(insight learning)
> ㄴ. 관찰학습(observational learning)
> ㄷ. 프로그램학습(programmed learning)
> ㄹ. 자기조절학습(self-regulated learning)

① ㄱ, ㄴ   ② ㄴ, ㄷ   ③ ㄴ, ㄹ   ④ ㄷ, ㄹ

077 다음은 반두라(A. Bandura)의 관찰학습 과정에 관한 모형도이다. 이를 한 학생이 연예인의 행동을 모방하게 되는 과정에 적용해 볼 때, B 단계에 해당되는 설명은? (05 중등)

모범대상 → A → B → C → D → 수행

① 연예인의 행동을 상징적 기호로 저장한다.
② 연예인의 독특하고 재미있는 표정이나 몸짓에 주의를 기울인다.
③ 연예인의 행동과 같아지기 위해 연습을 반복하고, 자기의 행동을 스스로 관찰한다.
④ 관찰을 통해 기억된 연예인의 행동을 친구들 앞에서 해 본 후 칭찬을 받는다.

1) 개요

① 지식을 구조화하는 데 환경적 조건(자극)과 관찰 가능한 행동(반응) 간의 최적의 연합에 초점을 맞추었던 행동주의와는 달리

② 인지주의는 인간 내부에서 일어나는 인지적 과정, 즉 사물을 인식하고 해석하고 기억하는 방법 등을 강조하였다.

구분	행동주의 학습이론	인지주의 학습이론
인간관	백지설, 수동적 존재	백지설 거부, 능동적 존재
학습과정	자극과 반응의 연합을 통한 점진적 행동의 형성	종종 갑작스러운 통찰을 포함한 인간의 인지구조의 변화
강화물의 역할	학습의 필요조건	인지구조의 변화를 행동으로 나타나게 만드는 유인책
학습의 범위	직접 경험에 근거한 행동의 변화	직접 경험을 뛰어넘는 행동잠재력의 변화

2) 톨만(Tolman)의 잠재학습: 목적적 행동주의

① 신호 형태 학습: Tolman에 따르면 학습자는 학습장면에서 구체적인 자극-반응 연합을 학습하는 것이 아니라, 행동을 하면 어떤 목표를 달성할 것이라는 신호 형태 – 기대(sign gestalt-expectation)를 학습한다.

② 잠재적 학습: 실제 학습이 이루어졌지만 그것이 직접 관찰할 수 있는 행동(즉, 수행)으로 나타나지 않은 학습이다.

③ 인지적 학습: Tollman 에 따르면 학습자들은 행동주의의 주장과 같이 구체적인 행동을 학습하는 것이 아니라, 인지(기대 신념) – 환경에 대한 인지도(l, cognitive map)를 학습한다. 인지도는 환경에 대한 정신적 표상이다.

3) 형태주의 심리학(Gestalt psychology): 통찰학습 ('아하' 현상)

① 독일에서 출현한 형태주의(Gestalt theory)는 유기체가 환경을 있는 그대로 받아들이는 것이 아니라, 환경을 능동적으로 구조화하고 조직함으로써 형태(Gestalt)를 구성한다고 하였다.

② 대표적인 형태주의 이론가인 쾰러(W. Köhler)의 유인원 실험은 중요한 근거를 제공한다. 아프리카에서의 유인원연구소 소장으로 근무하면서 침팬지의 문제해결능력을 알아보는 실험을 하였다.

③ 학습자는 세상을 지각할 때 외부자극을 단순히 합하는 것 이상의 작업을 수행한다.

④ 문제 장면에 존재하는 다양한 요소의 관계를 파악하는 통찰에 주목한다.

⑤ 통찰학습은 문제 상황에서 관련 없는 여러 요인이 갑자기 완전한 형태로 재구성되어 문제를 해결하는 것을 뜻한다.

Keyword

078 다음 그래프는 톨만(E. Tolman)이 실시한 미로학습 실험에서 보상의 유형에 따른 과제의 수행 결과를 나타낸 것이다. 그래프를 바르게 해석한 것은? (07 중등)

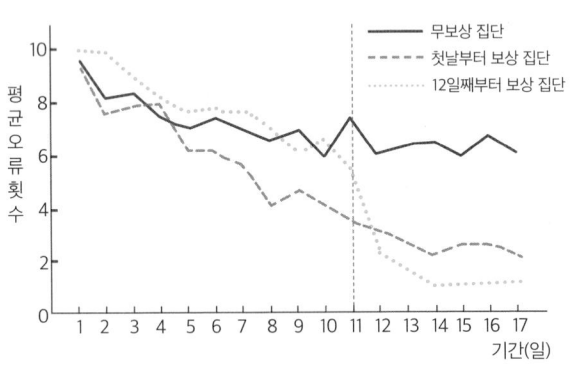

① 과제의 수행 정도는 보상과 아무런 관계가 없다.
② 과제의 수행 정도는 보상의 양에 비례하여 상승한다.
③ 보상을 받지 않아도 과제의 학습은 어느 정도 일어난다.
④ 보상을 철회하면 과제의 학습에 부정적인 영향을 미친다.

079 학습이론에 대한 설명으로 옳지 않은 것은? (21 지)

① 형태주의 심리학에 따르면 학습은 계속적인 시행착오의 결과이다.
② 사회인지이론에 따르면 개인, 행동, 환경의 상호작용에 의해 학습이 이루어진다.
③ 행동주의 학습이론에 따르면 학습의 근본적인 원리는 자극과 반응 간의 연합이다.
④ 정보처리이론에 따르면 정보저장소는 감각기억, 작업기억, 장기기억의 세 가지로 구분된다.

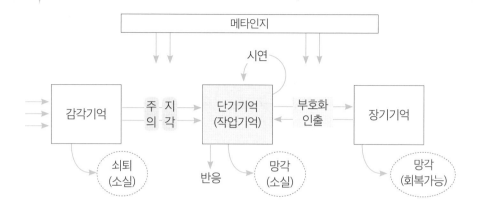

1) 주요개념

① **감각기억**(sensory memory): 환경으로부터 들어온 자극 또는 정보를 원래의 형태 그대로 잠시 보존하는 저장고이다. (사례: 학생들의 주의를 환기하고 유지하기 위해 다양성, 호기심, 놀라움을 강조한다.)

② **작업기억**(working memory): 새로운 정보를 조작하여 저장하거나 행동적인 반응을 하는 곳으로, 지금 이 순간 의식적으로 활성화된 기억 저장고다. 따라서 작업기억은 작업대로 비유될 수 있다.

③ **장기기억**(long-term memory): 작업기억의 정보는 부호화 과정을 통해 장기기억에 저장된다. (일화기억: 6·25 참전, 의미기억: 1950년 한국전쟁, 절차기억: 사격방법)

④ **부호화**(encoding): 제시된 정보를 처리 가능한 형태로 변형하는 과정으로 만약 정보가 부호화되지 않으면 그 정보는 작업기억에서 사라진다. 부호화는 정교화, 조직화, 심상을 통해 촉진된다.

⑤ **정교화 전략**(elaboration): 기존에 가지고 있던 정보를 새 정보에 연결하여 정보를 유의미한 형태로 저장하는 과정 (자신의 경험 + 새로운 정보 + 장기기억연결)

⑥ **조직화 전략**(organization): 공통 범주나 유형을 기준으로 새로운 정보를 장기기억에 저장되어 있는 정보와 연결하는 부호화 전략이다. (개요작성 또는 개념도)

⑦ **심상전략**(imagery): 새로운 정보를 우리의 마음속에 그림으로 만드는 과정으로, 심상전략을 통해 우리는 정보를 오래 기억할 수 있다. (언어정보 + 시각적 자료)

⑧ **인출** – 장기기억 속에 있는 정보를 작업기억으로 가져오는 과정

⑨ **초인지**(metacognition): 사고과정에 대한 지식으로 자신의 인지과정 전체를 지각하고 통제하는 정신활동으로 인지과정 전체를 계획하고 점검하며 평가하는 역할을 한다 (계획-점검-주절-평가)

Keyword

080 정보처리이론에서 장기기억에 해당하지 않는 것은? (21 7급)

① 감각기억   ② 의미기억
③ 일화기억   ④ 절차기억

081 학습전략에 대한 설명으로 옳지 않은 것은? (19 7급)

① 묶기(chunking) – 많은 작은 정보를 몇 개의 큰 묶음으로 처리함으로써 파지할 수 있는 정보의 양을 늘릴 수 있다.

② 심상(imagery) – 정보에 대한 시각적 이미지를 머릿속에 표상하는 전략으로, 개념에 대한 정신적 이미지를 만든다.

③ 정교화(elaboration) – 공통 범주나 유형을 기준으로 새로운 정보를 장기기억에 저장되어 있는 정보와 연결하는 부호화 전략이다.

④ 조직화(organization) – 구체적인 방법으로 개요 작성과 개념도가 있으며, 개념도는 개념 간의 관계를 보여 주고 주제와의 관련성을 도형화하는 것이다.

082 메타인지(meta-cognition)에 대한 설명으로 옳지 않은 것은? (17 7급)

① 자신의 인지과정을 점검하고 조절하는 기능을 한다.
② 시연, 정교화, 조직화와 같이 정보를 처리하는 방식을 의미한다.
③ 사고에 대한 사고, 인지에 대한 인지로 볼 수 있다.
④ 내가 무엇을 알고 무엇을 모르는지에 대한 지식이다.

1) 개요

① 새로운 정보가 작업기억으로 들어올 때마다 장기기억은 새로운 정보와 관련된 선행지식을 찾는다.

② 만약 관련된 선행지식이 존재한다면, 이 기억 연결망은 활성화되고 새로운 정보가 장기기억에 잘 저장되도록 돕는다.

③ 이와 같이 선행학습이 새로운 학습에 영향을 미치는 것을 전이(transfer)라고 한다.

④ 전이는 또한 새로운 학습을 미래의 다른 상황에 적용하는 능력을 포함한다.

⑤ 예를 들어, 우리는 곱셈을 이해할 때 덧셈에 대한 지식을 토대로 한다. 이는 덧셈에 대한 지식이 곱셈의 학습에 전이된 것이다.

⑥ 또한 학교에서 배운 영어 실력으로 경복궁에서 만난 외국 사람과 원활한 의사소통을 할 수 있다면 영어 학습이 실생활에 잘 전이된 것이다.

2) 전이의 유형

① 긍정적 전이(positive transfer): 선행학습이 새로운 학습의 이해를 촉진하는 현상 (덧셈과 곱셈)

② 부정적 전이(negative transfer): 선행학습이 새로운 학습의 이해를 방해해서 혼란 또는 오류를 낳는 현상 (영어: was, 독일어: was)

③ 수평적 전이(horizontal transfer): 한 분야에서 학습한 것을 다른 분야 또는 실생활에 적용하는 것을 말한다. (수학: 사칙연산, 물리: 공식 이해, 물건 계산)

④ 수직적 전이(vertical transfer): 기본 학습이 이후의 고차원적이고 복잡한 학습에 적용되는 것을 말한다.

⑤ 일반전이: 선행학습에서 획득한 지식,기능,법칙을 완전히 새로운 장면에 적용

⑥ 특수전이: 선행장면에서 학습한 지식, 기능, 법칙 등을 매우 유사한 장면에 적용하는 것

3) 전이의 질

① 초기 학습의 질과 맥락의 영향을 많이 받는다.

② 기계적 학습은 전이를 촉진하지 않는다. 그러나 이해를 동반한 학습은 전이를 촉진한다.

③ 따라서 유지시연보다는 정교화, 조직화, 심상과 같은 부호화 전략을 통해 정보를 저장하도록 유도해야 한다.

④ 전이는 학습되었던 상황과 전이가 일어날 상황이 비슷할 때 더 쉽게 발생된다.

⑤ 배운 지식과 관련된 뉴스 기사, 실례 찾기 등의 활동을 제시하거나 또한 주제별 구성과 통합 교과과정을 통해서도 성공적인 전이를 이끌어 낼 수 있다.

Keyword

083 학습의 전이에 대한 설명으로 옳지 않은 것은? (18 7급)

① 특정 장면에서 학습한 내용이 다른 장면의 학습에 영향을 미치는 것을 말한다.

② 일반적으로 원래의 학습장면과 새로운 학습장면이 다를수록 전이가 촉진된다.

③ 학습 원리를 학습자 스스로가 경험할수록 전이가 촉진된다.

④ 다양한 사례와 충분한 연습의 기회를 제공할수록 전이가 촉진된다.

084 '수학시간에 가감승제를 배운 것이 물리시간에 배우는 공식을 이해하는데 도움이 되는 것'을 나타내는 전이의 두 가지 종류는? (14 7급)

① 긍정적 전이와 수평적 전이

② 부정적 전이와 수평적 전이

③ 긍정적 전이와 수직적 전이

④ 부정적 전이와 수직적 전이

(1) 형식도야설(theory of formal discipline): 정신도야설

① 정신능력이 훈련으로 도야될 수 있으며, 도야된 정신능력이 광범한 영역으로 전이가 된다는 관점으로, 20세기 초반에 성립된 능력심리학의 전이이론이다.

② 능력심리학(faculty psychology): 인간의 정신이 기억력, 주의력, 추리력, 의지력, 상상력과 같은 기초능력(마음의 근육, 즉 심근[心筋]에 비유한다)으로 구성되어 있고, 신체훈련으로 근육을 단련시킬 수 있는 것처럼 정신능력도 훈련으로 연마 반복 할 수 있으며, 일단 정신능력이 연마되면 새로운 장면에 광범위하고 자동적으로 전이된다고 주장한다.

③ 형식도야설은 연습과 훈련을 통해 주의력, 기억력, 판단력, 상상력을 향상시킬 수 있고, 결국 지적인 인간을 형성시킬 수 있다고 주장한다.

④ 형식도야설은 라틴어와 수학과 같은 인문교과가 정신능력을 훈련시키는 데 도움이 되며, 일단 정신능력이 함양되면 다른 교과의 학습은 물론 일상생활로 광범위하게 전이가 된다고 본다.

⑤ 과학적 심리학의 출현으로 형식도야설의 견해에 대해 회의적인 시각

(2) 동일요소설(theory of identical elements)

① 학습과제 사이에 동일한 요소(목적, 내용, 방법, 기능 등)가 있을 경우에만 전이가 일어난다고 보는 입장이다.

② 동일요소설에 따르면 자전거 타는 행동이 오토바이 타는 행동에 영향을 주는 것이나 덧셈학습이 곱셈학습에 영향을 주는 것은 두 학습 사이에 공동요소가 존재하기 때문이다.

(3) 일반화설(theory of generalization): 빛의 굴절 원리, 지식의 구조

① 선행학습에서 획득된 원리나 법칙을 후속학습에 활용할 수 있을 때 전이가 일어난다고 주장하는 이론이다.

② 전이의 가장 중요한 조건은 선행학습과 후속학습 사이의 동일 요소에 대한 지식이 아니라 일반원리에 대한 지식이다.

③ 전이는 두 학습장면에 유사한 법칙이나 원리가 포함되어 있을 때만 일어난다. 특히 두 학습의 구체적 특성이 다를수록 일반원리의 중요성은 더 높아진다.

④ 일반화설은 다음에 설명할 형태이조설과 상당히 비슷하지만 차이가 있다.

⑤ 일반화설은 전이에 대한 기계적 이론이다. 따라서 일반화설에 따르면 일반화를 이해하면 전이가 자동적으로 일어난다. 그러나

⑥ 형태이조설에 따르면 일반화를 이해한다고 하더라도 자동적으로 전이가 일어나는 것은 아니다. 그에 따르면 전이가 일어나려면 관계를 통찰하고, 그 통찰을 활용하려는 욕구가 있어야 한다.

Keyword

085 ⟨보기⟩에 나타난 최교사의 견해와 가장 일치하는 것은? (06 중등)

> 진 영: 학교에서는 실생활에 도움도 되지 않는 수학을 왜 그렇게 많이 가르치지요?
>
> 최교사: 수학공부가 당장 쓸모는 없어 보여도 논리력을 길러주어 그 능력을 장래 여러 가지 일에 발휘할 수 있게 해주기 때문이지. 마치 운동을 열심히 하면 근력이 길러져서 힘든 일을 더 잘 할 수 있는 것과 같은 이치지.

① 형태이조설(transposition)　② 수평전이설(lateral transfer)
③ 형식도야설(formal discipline)　④ 동일요소설(identical elements)

086 ⟨보기⟩의 형식도야론(Formal Discipline Theory)에 관한 설명 중, 옳은 것끼리 묶인 것은? (05 중등)

> ㄱ. 실용적 기능에 의하여 교과의 가치가 판단된다.
> ㄴ. 과학적 심리학의 출현으로 그 타당성이 입증되었다.
> ㄷ. 능력심리학(faculty psychology)에 이론적 기반을 둔다.
> ㄹ. 재미없고 어려운 교과를 힘들여 공부하는 이유를 정당화한다.

① ㄱ, ㄴ　　② ㄱ, ㄹ　　③ ㄴ, ㄷ　　④ ㄷ, ㄹ

087 ⟨보기⟩의 내용에 부합하는 학습 전이 이론은? (08 초등)

> • 두 학습과제 간에 원리가 동일하거나 유사할 때 전이가 이루어진다.
> • '지식의 구조'(J. S. Bruner)를 강조하는 브루너 등의 학문 중심 교육과정에서 지지되고 있다.
> • 수중 깊이에 있는 표적 맞추기 실험을 했을 때 굴절 30cm의 원리를 배운 학생들이 배우지 않은 학생들보다 표적을 잘 맞추었다.

① 일반화설　　　　② 동일요소설
③ 형식도야설　　　④ 형태이조설

1) 귀인 이론(attribution theory): 와이너(Weiner)

① 학습자가 자신의 성공과 실패를 설명하려는 동기에 대한 인지적 이론이다.

② 성공이나 실패의 원인을 찾으려고 하고 그 원인을 무엇으로 귀인하느냐에 따라서 학습자의 후속 행동과 정서적 경험이 영향을 받는다고 본다.

③ "나는 언어에 대한 재능이 통 없나 봐." (자신의 능력 부족으로 귀인)

④ "시험을 위하여 충분한 공부를 하지 못했던 것 같아." (자신의 노력 부족으로 귀인)

⑤ "이번 시험 문제는 나한테 너무 어려웠던 것 같아." (과제의 난이도로 귀인)

⑥ "내가 예상했던 문제가 하나도 안 나왔어! 행운이 따르지 않은 거야." (운으로 귀인)

귀인과 각 차원의 관계

	원인의 소재	안정성	통제 가능성
능력	내적	안정적	통제 불가
노력	내적	불안정적	통제 가능
운	외적	불안정적	통제 불가
과제의 난이도	외적	안정적	통제 불가

2) 귀인훈련프로그램

① 첫 번째 단계: 노력귀인으로 갈 수 있도록 한다. 노력귀인이란 성공이나 실패의 원인을 자신의 노력으로 돌리는 것을 의미한다. 실패의 원인을 능력으로 귀인 하는 경우 성공에 대한 기대감은 감소하고 과제에 대한 지속적인 참여가 결여된다.

② 두 번째 단계: 전략귀인으로 학습방법이나 습관을 스스로 점검해 보고 더욱 바람직한 방법으로 바꾸어 주는 전략이 필요하다. 노력은 많은 것을 성취하도록 하지만 실패를 무조건 노력으로 귀인한다고 해서 모든 문제가 해결되는 것은 아니며, 실제로 적절하지 못한 경우도 있다. 다른 학생보다 더 많이 노력하고 최선을 다하여 시험을 준비한 학생에게 "네가 충분히 노력을 하지 않았기 때문에 결과가 좋지 못한 거야." 라는 말은 오히려 학습자에게 '아무리 노력해도 안 된다' 와 같은 좌절감만 안겨 줄 것이다. 그러므로 학습자가 충분히 노력했음에도 결과가 좋지 않을 때는 전략귀인으로 가도록 한다.

③ 세 번째 단계: 포기귀인으로, 만약 노력귀인과 전략귀인을 다 거쳤음에도, 즉 충분한 노력과 적절한 전략을 사용했음에도 결과가 좋지 않을 때는 포기귀인으로 간다. 포기하도록 유도함으로써 학습자의 기대 자체를 수정하고 새로운 길을 모색하는 것이 현명하다.

Keyword

088 와이너(B. Weiner)의 귀인이론에서 (가)에 들어갈 귀인요소는? (11국)

귀인요소	원인의 소재	통제가능성	안정성
(가)	외적	통제 불가	안정
( )	내적	통제 가능	불안정
( )	내적	통제 불가	안정
( )	외적	통제 불가	불안정

① 운　　　　　　　　② 과제난이도
③ 노력　　　　　　　④ 능력

089 영희는 "시험칠 때 갑자기 배가 아팠어요."라고 시험점수가 낮은 이유를 부모님께 말씀드렸다. 영희의 말을 와이너(B. Weiner)의 귀인이론에 근거하여 원인의 소재, 안정성, 통제 가능성의 세 차원으로 설명할 때, 바르게 나열한 것은? (06 초등)

	원인의 소재	안정성	통제 가능성
①	내적	안정적	불가능
②	내적	불안정	불가능
③	외적	안정적	가 능
④	외적	불안정	가 능

1) 자기결정성 이론(self-determination theory: SDT): 데시와 라이언(Deci & Ryan)

① 자기결정성은 환경에 대해 어떤 행동을 취할 것인가를 스스로 결정하는 것으로 개인의 의지를 사용하는 과정이다.

② 학생이 스스로 과제를 선택할 때, 보다 오랫동안 과제에 참여하고 즐거운 학습경험을 하게 된다.

③ 기본 가정으로 내재동기의 기초에 기본 심리욕구가 있으며 이 욕구들이 학습, 성장, 발달을 위한 동기를 제공한다고 설명한다. 인간은 자율성(autonomy), 유능감(competence), 관계성(relatedness)의 세 가지 기본 욕구를 가지고 있고 이를 충족하기 위해 노력한다.

2) 목표지향성(성취목표) 이론: 숙달목표, 수행목표

① 숙달목표(mastery goal): 과제의 숙달 및 향상, 이해 증진 등 학습과정 자체에 가치를 부여하며 자신의 유능감을 발전시키는 것을 중요하게 생각하는 목표유형이다.

② 숙달목표 유형학생: 학습에 도전적, 노력 귀인, 절대적·내적 자기참조 평가, 내재동기

③ 수행목표(performance goal): 자신의 유능함과 능력이 다른 사람의 능력과 어떻게 비교되느냐에 초점을 둔 목표이다. 자신의 능력이 타인에 의해서 어떻게 평가받는가에 관심을 둔다.

④ 수행목표 유형학생: 쉬운 과제 선호, 능력입증, 도움요청 잘 안 함

3) 수행접근목표, 수행회피목표, 학습무기력

① 수행접근목표는 타인과의 비교에서 상대적으로 유능하다고 평가받으려는 목표

② 수행접근목표는 자신이 유능하게 보이는 것에 반복적으로 실패를 경험할 때 수행회피목표로 전환된다.

③ 수행회피목표는 상대적으로 무능력하게 평가되는 것을 피하려는 목표

④ 수행회피목표를 가진 학생은 방어적이고 실패회피전략을 쓴다.

⑤ 실패회피전략이란 실패에 대한 변명으로 자기 자신을 방어만 하는 전략을 의미한다. "내가 공부를 하지 않아서 그런 것이지 제대로 했으면 너보다 훨씬 잘할 수 있어." 등의 말을 매번 반복하며, 마치 결과와 아무 상관이 없는 듯이 이야기하거나 시험에서 부정행위를 저지르기도 한다.

⑥ 수행회피목표를 가진 학생이 실패를 반복하면 학습된 무기력상태의 학습자가 된다.

⑦ 학습된 무기력이란 '나는 실패하는 게 당연해'와 같은 생각을 하며, 학습에 대한 어떠한 시도조차 하지 않는 상태를 말한다.

Keyword

090 다음과 같은 견해에 가장 부합하는 학습동기 이론은? (11 초등)

> • 학생들의 자율성, 유능감, 관계 유지 욕구를 자극하고 충족시키면 그들의 내재적 동기가 높아진다.
> • 학생들은 자신이 외재적 보상을 받거나 처벌을 피하기 위해서가 아니라 자신의 의지에 의해 그러한 행동을 한다고 믿고 싶어 한다.
> • 학생들은 과제 자체에 대한 흥미 때문에 특정한 과제를 수행하는 경우도 있지만, 외재적 보상 때문에 시작한 행동이 점차 내면화되어 결국 외재적 보상이 없어도 그러한 행동을 지속하는 경우가 많다.

① 귀인 이론　　　　　② 성취목표 이론
③ 욕구위계 이론　　　④ 자기효능감 이론
⑤ 자기결정성 이론

091 동기의 성취목표이론에서는 목표를 수행목표(performance goal)와 학습목표(learning goal)로 구분한다. 〈보기〉에서 학습목표 지향적인 학생들의 특성만을 고르면? (08 초등)

> 가. 실수를 했을 때 그것을 인정하지 않고 당황스러워 한다.
> 나. 어려운 과제에 직면했을 때 타인의 도움을 적극적으로 요청한다.
> 다. 실패했을 때 자신의 노력보다는 능력의 부족에서 그 원인을 찾는다.
> 라. 내재적 동기가 높으며, 도전적이고 의미 있는 과제에 가치를 부여한다.

① 가, 다　　　　　　② 가, 라
③ 나, 다　　　　　　④ 나, 라

1) 장독립형과 장의존형

① 장독립형(field-independent)은 장(배경)의 영향을 별로 받지 않는 인지양식이고,
② 장의존형은 장(배경)의 영향을 많이 받는 인지양식이다.

Keyword

학습유형	
장독립형	장의존형
분석적으로 지각	전체적으로 지각
자신이 구조화할 수 있음	구조화된 것이 필요함
비판의 영향을 적게 받음	비판의 영향을 많이 받음
교수유형	
개별학습 선호	협동학습 선호
주제소개로 질문사용	수업상황 확인위해 질문사용
정확한 피드백: 부정적 평가 사용	적은 피드백: 부정적 평가 피함
학생 동기화 방법	
개인 목표를 통해	언어적 칭찬을 통해
과제가 그에게 얼마나 유용한가	다른 사람에게 과제의 가치를 보여주는 것
구조를 디자인할 자유를 주는 것을 통해	윤곽과 구조를 제시하는 것을 통해

2) 숙고형과 충동형

① Kagan과 동료들(1964)은 같은 그림 찾기 검사(Matching Familiar Figure Test: MFFT)를 통해 과제에 대한 반응속도와 반응에서 틀린 수로 개념적 속도라는 학습유형 차원을 제시하였다.
② 숙고형(reflective style)은 대답은 늦게 하지만 거의 틀리는 경우가 적다.
③ 충동형(impulsive style)은 대답은 빨리하지만 틀린 답이 많다.
④ 충동형 학생은 문제를 해결할 때 빠른 행동을 좋아하지만 숙고형 학생은 행동하기 전에 정보를 수집하고 분석하는 것을 좋아한다.
⑤ 단순한 문제의 경우에는 충동형이 나은 과제 수행을 보이지만 다차원적인 복잡한 과제의 경우에는 모든 대안을 고려해야 하기 때문에 숙고형의 수행 수준이 높게 나타난다.
⑥ 그러나 극단적인 충동형과 숙고형은 모두 문제가 될 수 있다.

092 그림은 왼쪽 도형을 오른쪽 배경에서 찾아내는 수준에 따라 개인의 인지양식을 진단하는 '잠입도형검사(Embedded Figure Test)'의 예이다. 이 검사 점수가 높은 학생들의 인지양식에 맞추어 지도한 교사의 행동을 〈보기〉에서 고른 것은? (10 초등)

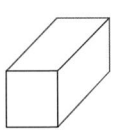 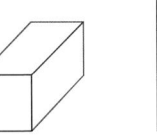

> ㄱ. 외적 보상을 통해서 동기를 유발하였다.
> ㄴ. 안내와 시범 없이 스스로 수학문제를 풀도록 하였다.
> ㄷ. 모둠별 활동보다 개인별 활동을 할 수 있도록 하였다.
> ㄹ. 교사가 작성한 구조화된 표를 주고 암석의 종류를 비교해 보도록 하였다.

① ㄱ, ㄴ   ② ㄱ, ㄷ   ③ ㄱ, ㄹ
④ ㄴ, ㄷ   ⑤ ㄴ, ㄹ

093 장(場) 의존적 학습유형(learning style)을 가진 학습자의 특성과 거리가 먼 것은? (07 초등)

① 외부의 비판에 민감하게 반응한다.
② 사물을 분석적으로 지각하는 것을 선호한다.
③ 타인과의 상호작용이나 토론하기를 선호한다.
④ 대상을 요소로 분리하지 않고 전체로 지각한다.

1) 고전지능

① 스피어만(spearman) – 2요인설(일반요인, 특수요인), 능력의 차이는 일반요인의 개인차
② 서스톤(Thurstone) – 지능의 구성요인으로 7개의 기본정신능력
③ 길포드(Guilford) – 지능은 내용, 산출, 조작(operation)의 세 차원으로 구성
④ 카텔(R. B. Cattell)은 지능을 유동적 지능과 결정적 지능으로 구분
• 유동적 지능(Fluid): 유전이고 생리적인 영향을 많이 받는 지능요인으로 암기, 지각, 추리와 같은 정보의 관계성이나 기억력과 관련된 능력
• 결정적 지능(Crystallize): 교육이나 훈련으로 형성, 정보의 내용과 관련된 것으로, 언어능력, 문제해결능력, 논리적 추리력과 같이 경험의 영향을 많이 받는 능력

2) 대안지능: 가드너의 다중지능, 스턴버그의 삼원지능

① 인간의 지능을 사회 문화적 맥락을 고려하여 이해한다.
② 학교 수업과 평가는 학생의 강점지능을 활용하고 약점 지능을 교정보완
③ 가드너(Gardner)의 다중지능이론은 8개의 독립적인 지능이 존재하며, 각각의 지능의 가치는 문화나 시대에 따라 달라진다.
④ 스턴버그(Sternberg)의 삼원지능이론은 인간이 어떠한 문제를 해결하고 지적으로 행동하기 위한 정보를 어떻게 모으고 사용하는지의 관점에서 지능을 바라보았다.
⑤ 분석적 지능(analytical intelligence)은 지적인 행동과 관련되어 있는 인간의 정신과정과 연관된 것으로서 흔히 학문적인 영역의 지능을 의미한다. (메타, 수행, 지식획득요소)
⑥ 창의적 지능(creative intelligence)은 인간의 경험과 긴밀하게 연관되어 있는 것으로서 창조적인 지능을 의미한다. (경험이론)
⑦ 실제적 지능(practical intelligence)은 전통적인 지능검사의 점수나 학업성취도와는 무관한 지능으로서 실용적인 능력을 의미한다. (맥락이론)

3) 다중지능이론 요약표

지능	핵심 성분	최고 수준발달
언어지능	언어의 소리, 의미, 기능에 대한 민감성	작가, 웅변가
논리-수학지능	논리적·수리적 유형에 대한 민감성과 구분능력	과학자, 수학자
공간지능	시공간 세계에 대한 예민한 지각	화가, 건축가
신체운동지능	몸의 움직임을 통제하고, 사물을 능숙하게 다루는 능력	운동선수, 무용수
음악지능	음정, 리듬, 음색 등을 만들고 평가하는 능력	연주지, 작곡가
대인간지능	타인의 기분, 기질, 동기, 욕망을 구분하고 대응하는 능력	상담가, 정치가
개인내지능	자신의 감정에 충실하고 정서를 구분하는 능력	심리치료사, 수도자
자연지능	다양한 종을 구분하고 인지할 수 있는 능력	생물·동·식물학자

Keyword

094 지능이론에 대한 설명으로 옳은 것은? (16 7급)

① 스피어만(Spearman)은 지능이 일반요인과 특수요인으로 구성된다고 하였다.
② 카텔(Cattell)은 지능을 유동지능과 발달지능으로 구분하였다.
③ 스턴버그(Steraberg)는 다양한 측면의 지능을 인정하는 다중지능이론을 주장하였다.
④ 가드너(Gardiner)는 지능을 성분적, 경험적, 맥락적 요소로 설명하였다.

095 다음 세 교사의 견해에 근거가 되는 지능 이론가들을 올바르게 짝지은 것은? (11 중등)

최 교사: 우리 반 영철이는 IQ가 높아서인지 공부를 참 잘해요. 과목별 점수로 봐도 영철이가 거의 전교 1, 2등이잖아요. 머리가 좋으니까 나중에 어떤 직업을 갖더라도 잘 할 거예요.

송 교사: 우리 반 순희는 언어와 수리 교과는 잘 하지만, 음악이나 체육은 재능이 없어 보여요. 친구들하고 잘 어울리지도 못해요. 그런 것을 보면 지능이 높다고 뭐든 잘 하는 것 같지는 않아요. 그리고 공부뿐만 아니라 인간관계 능력이나 다른 것들도 지적 능력에 포함되는 것이 아닐까요? 결국, 영역별로 지적 능력이 따로 있는 것 같아요.

강 교사: 영역별 지능도 중요하지만, 제 생각엔 지능이 한 가지 경로로만 발달하지는 않는 것 같아요. 기억력처럼 뇌발달과 비례하는 능력들도 있지만, 언어이해력과 같은 것들은 문화적 환경과 경험에 의해 발달하잖아요.

	최 교사	송 교사	강 교사
①	스턴버그(R. Sternberg)	골만(D. Goleman)	카텔(R. Cattell)
②	스피어만(C. Spearman)	가드너(H. Gardner)	카텔(R. Cattell)
③	스피어만(C. Spearman)	가드너(H. Gardner)	길포드(J. Guilford)
④	스턴버그(R. Sternberg)	가드너(H. Gardner)	길포드(J. Guilford)
⑤	스피어만(C. Spearman)	골만(D. Goleman)	길포드(J. Guilford)

1) 길포드(Guilford)의 창의성: 유창성, 유연성, 독창성, 정교성, 민감성, 재정의 능력

① Guilford는 지능구조 모델(structure of intelligence)에서 창의적 사고는 지능구조의 한 부분인 확산적 사고(divergent thinking) 능력을 포함하는 것으로 보았다.

② 유창성(fluency): 확산적 사고의 요인으로 많은 답을 내는 것, 반응의 수

③ 유연성(flexibility): 다양한 답을 내는 것, 각기 다른 반응범주의 수로 측정

④ 독창성(originality): 남들이 생각하지 못한 답을 내는 것, 100명 중 10명 또는 5명 이하 반응

⑤ 정교성(elaboration): 아이디어를 세심하게 발전시킬 수 있는 것

⑥ 또한 창의적 사고에는 이러한 확산적 사고에 추가로 문제에 대한 민감성(sensitivity)과 재정의(redefinition)능력이 포함된다고 하였다.

2) 렌줄리(J. S. Renzulli)가 제안한 영재성 개념의 구성요인

① 평균 이상의 일반능력

② 높은 수준의 과제집착력

③ 높은 수준의 창의성

3) 플린 효과(Flynn effect)

인간의 지능검사 점수가 해를 거듭할수록 점차 높아지는 세계적인 경향을 말한다.

4) 브레인스토밍 기본 원칙

① 평가는 마지막까지 유보하며 비판하지 않는다.

② 우스꽝스러운 아이디어라도 수용한다.

③ 아이디어는 가능한 한 많이 내도록 한다. (아이디어의 질보다는 양을 우선)

④ 결합과 개선을 추구하여야 한다.

5) PMI 기법

좋은 점[Plus], 나쁜 점[Minus], 흥미로운 점[Interest]을 찾아 가장 알맞은 아이디어를 선택. 브레인스토밍을 통해 나온 아이디어에 PMI 기법을 이용할 수 있다.

6) 여섯 색깔 모자 사고기법

드 보노(de Bono)가 개발한 사고 방법 중 가장 많이 알려진 것으로, 여섯 가지 다른 색깔의 모자(six hat)로 어떤 문제에 접근하는 여섯 가지의 역할과 방법을 규정하는 창의적 사고 방법이다.

Keyword

096 〈보기〉의 창의력 검사 문항이 측정하는 능력은? (02 초등)

바늘의 주된 용도는 옷을 깁는 것이다. 이 용도 외에 바늘의 다른 용도를 가능한 한 많이 써 보시오. (제한 시간 30초)

① 유창성　　　　　　② 정교성
③ 융통성　　　　　　④ 독창성

097 렌줄리(J. Renzulli)가 제안한 영재성 개념의 구성 요소가 아닌 것은? (07 초등)

① 사회성　　　　　　② 창의성
③ 과제 집착력　　　　④ 평균 이상의 일반 능력

098 그림은 렌줄리(J. Renzulli)가 제시한 영재 특성 모형이다. (가)에 해당하는 것은? (05 초등)

① 학업 성취도　　　　② 과제 집착력
③ 정보처리 능력　　　④ 상위인지 능력

III 교수학습

1) 유의미 언어학습의 조건 (유의미 학습과제, 관련정착지식, 유의미 학습태세)*

① 학습과제가 갖추어야 할 조건: 유의미 학습과제(실사성, 구속성)
② 인지구조가 갖추어야 할 조건으로 관련정착지식이 있어야 한다.
　새로운 학습과제가 의미 있게 학습되려면 학습자의 기존 인지구조 속에 새 학습과제와 어떠한 관련을 맺을 수 있는 지식이 있어야 하는데, 이 지식을 관련정착지식이라 한다.
③ 학습자가 '유의미 학습태세'를 갖추어야 한다. 유의미 학습태세란 학습하려는 동기를 말한다.

2) 선행조직자

① 선행조직자는 수업의 도입 단계에서 교사가 해 주는 언어적 설명으로, 학습과제와 인지구조 사이에 다리를 놓아주는 기능을 한다.
② 선행조직자는 학습과제의 성질, 학습자의 기존 인지구조의 수준 등에 따라 설명조직자와 비교조직자를 적절하게 활용하여야 한다.
　㉠ 설명조직자: 학습과제와 학습자의 인지구조 사이에 전혀 관련이 없을 때 사용한다. 교사가 학습과제보다 상위에 있는 지식을 설명해 주는 것이다.
　㉡ 비교조직자: 학습과제와 학습자의 인지구조 사이에 어떠한 유사성이 있는 경우에 사용한다. 즉, 학습과제와 인지구조 간의 유사점과 차이점을 지적해 주면서 상호관계를 부각시켜 명료하게 하는 것이다.

```
                학습과제                          학습자
                   │                                │
         ┌─────────┴─────────┐              ┌───────┴───────┐
       실사성              구속성          관련 정착 의미   유의미학습태세
         └─────────┬─────────┘              │               │
            이론적 유의미가                   │               │
                   └──────────────┬──────────┘               │
                          잠재적 유의미가                      │
                                 └──────────────┬─────────────┘
                                          유의미학습
```

Keyword

099 〈보기〉의 내용과 가장 관련이 있는 교수·학습이론은? (06 중등)

> • 새로운 지식이나 정보와 선행 학습내용의 통합을 강조한다.
> • 학습자의 인지구조에 알맞게 포섭·동화 되도록 학습과제를 제시한다.
> • 일반적이고 포괄적인 지식을 먼저 제시하고, 그 다음에 세부적이고 상세한 지식을 제시한다.

① 블룸(B. Bloom)의 완전학습이론
② 오수벨(D. Ausubel)의 유의미학습이론
③ 콜린스(A. Collins)의 인지적 도제이론
④ 스키너(B. Skinner)의 행동주의 학습이론

100 그림은 오스벨(D. Ausubel)의 유의미 학습 이론을 나타낸 것이다. (나)에 해당하는 요소를 바르게 설명한 것은? (05 초등)

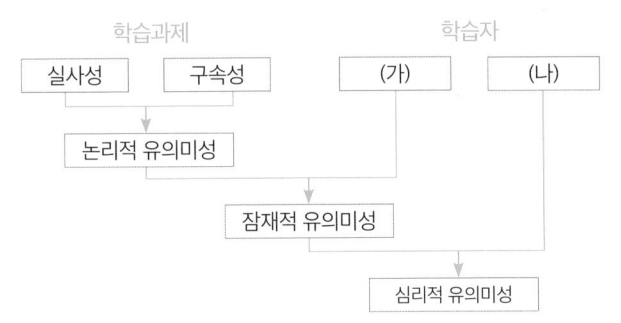

① 특정 과제를 어떻게 표현하더라도 그 의미가 변하지 않는다.
② 새로운 학습 과제를 의미 있게 포섭할 수 있는 선행 조직자의 역할이 강조된다.
③ 일단 임의적으로 맺어진 의미 관계가 관습이 되면 그 의미는 변경될 수 없다.
④ 주어진 학습 과제를 자신의 인지 구조에 의미 있게 관련시키려는 학습자의 성향이다.

1) 학교학습모형의 특성

① 그에 의하면 학습의 정도는 어떤 학습과제의 학습에 필요로 하는 시간의 양에 비추어 실제로 얼마만큼의 시간을 그 과제의 학습에 사용하느냐의 비율에 의해 결정된다는 것이다.

② 여기에서 학습의 정도란 도달되어야 할 목표 기준에 비추어 실제로 성취한 정도를 가리키고, 필요 시간량이란 학습 과제를 완전학습하는 데 소요되는 총 시간량을 말하며, 사용 시간량이란 학습자가 능동적으로 학습과제에 주의를 집중시키며 학습에 열중하는 시간량을 말한다. 이러한 Carroll의 명제를 방정식으로 나타내면 다음과 같다.

$$\text{학습의 정도} = f\ \frac{\text{학습에 사용한 시간}}{\text{학습에 필요한 시간}} = f\ \frac{\text{학습기회, 학습지속력}}{\text{적성, 수업이해력, 수업의 질}}$$

③ 이 방정식에서 f는 방정식의 양변이 서로 함수관계에 있다는 것을 나타낸다. 이 방정식이 뜻하는 바는 명료하다. 즉, 학습의 정도를 백분율로 표시한다면, 그것은 학습자가 주어진 과제를 학습하는 데 필요한 시간에 비해서, 실제로 얼마만큼의 시간을 학습에 사용했느냐에 의해 결정된다.

④ 이상과 같이 학습에 필요한 시간량과 학습에 사용한 시간량을 결정하는 변인으로서 Carroll은 두가지 분류될 수 있는 다섯 가지 변인을 들고 있는데, 이 변인들은 수업변인과 학습자변인으로 구분된다.

2) 수업변인과 학습자변인

◆ 수업변인
① 수업의 질(과제 제시의 적절성)
② 학습기회(과제의 학습을 위해 주어진 시간)

◆ 학습자변인
③ 수업이해력(일반지능과 언어능력이 복합된 것)
④ 적성(주어진 과제를 성취하는 데 필요한 시간)
⑤ 학습지속력(학습자가 학습에 사용한 시간)

Keyword

---

101 다음은 캐롤(Carroll)의 학교학습 모형에서 설정한 명제를 나타낸 공식이다. '학습에 사용된 시간'을 결정하는 변인에 해당하는 것은? (12. 7급)

$$\text{학습의 정도} = f\ \frac{\text{학습에 사용한 시간}}{\text{학습에 필요한 시간}}$$

① 적성
② 수업 이해력
③ 수업의 질
④ 지속력

102 캐롤(Carroll)의 학교학습모형은 〈보기〉에 제시한 다섯 개의 요소를 사용하여 학습의 정도를 학습에 필요한 시간과 학습에 소비한 시간의 함수로 표현한다. 학습에 소비한 시간으로 분류된 요소로 묶인 것은? (03 초등)

가. 적성	나. 수업의 질
다. 수업이해력	라. 학습지속력
마. 학습기회	

① 가, 다
② 나, 라
③ 다, 마
④ 라, 마

1) 블룸(Bloom)의 완전학습모형

① Bloom의 완전학습모형은 Carroll의 학교학습모형을 개선 발전시킨 것이다.

② Bloom은 학습에 필요한 시간과 학습에 사용한 시간을 결정하는 변인을 조정함으로써 완전학습에 이를 수 있다고 보았다.

③ 완전학습이란 5% 정도의 학생을 제외한 약95%의 학생이 교수 내용의 90% 이상을 학습할 수 있다는 것을 말한다.

Keyword

2) 크론바흐와 스노우(Cronbach & Snow)의 적성-처치 상호작용 이론(ATI)

① 학습자의 적성과 수업 방법인 처치 간에는 상호작용이 존재하기 때문에, 학습자의 개인차에 부응하는 수업방법의 모색을 시사한다.

② 평균적으로 가장 좋은 방법이 모든 학습자에게 좋은 것은 아니라는 것이다.

③ 학습 결과는 학습자의 적성 또는 특성과 교사가 행하는 처치 또는 수업방법의 상호작용 결과이다.

④ 학습자 개개인은 각기 다른 적성을 가지고 있으므로 그에 따라 교수방법을 다르게 투입함으로써 학업성취를 극대화할 수 있다.

⑤ 학습자 개개인의 적성에 적합하게 수업의 절차를 다양하게 변화시킴으로써, 개인차에 따른 문제를 줄이면서도 공통의 목표에 도달할 수 있다.

103 다음 내용과 직접 관련된 이론은? (07 7급)

> 학교 수업 장면에서 불안수준이 낮은 학습자는 강의법보다 토의법에서 성취수준이 높다.

① 학교학습이론　　　　　② 완전학습이론

③ 적성 처치 상호작용이론　　④ 학습위계이론

1) 개요

① 가네(R. Gagné)는 교수목표(학습결과)에 따라 학습조건(conditions)은 달라져야 한다고 주장하였다.

② 5가지 학습 결과(outcomes): 언어 정보, 지적 기능, 운동 기능, 태도, 인지 전략

③ 지적 기능(intellectual skills): 변별 - 개념 - 원리 - 문제해결 순서로 가르친다.

④ 학습자의 내적 학습 과정을 지원하기 위한 9가지 외적 교수사태(events): 9단계 수업사태

⑤ 학습안내: 학생들에게 학습내용에 대한 힌트나 질문을 던진다. 지난 시간에 학습한 내용과의 유사점과 차이점을 설명해 준다.

2) 학습결과(learning outcomes): 다섯 가지 학습영역

① 언어 정보(verbal information): 정보를 진술하거나 말하는 능력으로 선언적 지식 또는 명제적 지식이라고도 한다. 사물의 이름이나 단순한 사실, 원리, 조직화된 정보 등을 말한다.

② 지적 기능(intellectual skills): 변별 - 개념 - 원리 - 문제해결 순서로 가르친다.
지적 기능은 대상이나 사건 등을 구별하고, 결합하고, 도표화하고, 분류하고, 분석하고 적용하는 등 기호나 상징을 사용하거나 방법을 아는 것으로 절차적 지식이라고도 한다. 학교교육에서 가장 많은 비중을 차지하는 영역이다.

③ 인지 전략(cognitive strategies): 학습자 스스로 학습하고, 기억하고, 사고하는 과정을 관리하는 능력을 의미하는 것으로, 학습자 스스로 자신의 내적 인지과정을 유의미하게 통제하고 조절하는 메타인지적 사고(metacognitive)도 이에 포함된다.

④ 태도(attitudes): 태도는 사람·사물·방안 등에 대해 나타나는 개인의 경향성을 의미하는 것으로 구체적인 수행을 결정하는 내적인 경향성인 것이다

⑤ 운동 기능(motor skills): 운동 기능은 신체적 움직임을 행할 수 있는 능력으로, 바느질을 하거나 공을 던지거나 기계를 조작하는 등의 행동 계열을 수행하는 능력을 의미한다.

3) 9가지 수업사태(events of instruction)

① 주의 집중 ② 목표 제시 ③ 사전학습 요소의 회상 자극

④ 자극자료의 제시: 예 학습내용의 적용 예를 설명, 핵심 요소를 설명. 관련된 영상자료를 보여준다.

⑤ 학습의 안내: 학생들에게 학습내용에 대한 힌트나 질문을 던진다. 지난 시간에 학습한 내용과의 유사점과 차이점을 설명해 준다.

⑥ 수행의 유도

⑦ 피드백의 제공

⑧ 수행의 평가

⑨ 파지와 전이의 촉진

Keyword

104 가네(R. Gagné)의 수업사태(events of instruction)에 관한 진술로 옳지 않은 것은? (08 중등)

① 학습자의 내적 학습 과정을 지원하는 일련의 외적 교수 활동이다.

② 교실수업을 계획할 때 수업사태의 순서를 변경하거나 생략할 수 있다.

③ '학습 안내 제공' 단계에서는 학습을 위한 적절한 자극자료를 제시하고, 교재나 보조자료의 구성과 활용방법을 안내한다.

④ '파지와 전이 촉진' 단계에서는 학습자에게 다양한 종류의 새로운 과제를 제시하여 학습의 전이가 잘 일어날 수 있도록 지원한다.

105 〈보기〉의 내용과 모두 관계된 가네(R. Gagné)의 학습된 능력의 영역은? (07 초등)

> • 학습이나 사고에 대한 통제 및 관리 능력이다.
> • 다양한 상황에서의 문제해결 경험을 통해 개발된다.
> • 비교적 오랜 기간에 걸쳐 습득되는 창조적 능력이다.

① 태도　　　　　　　　② 지적 기술
③ 인지 전략　　　　　　④ 언어적 정보

106 가네(Gagné)가 제시한 수업 설계 이론의 기본 가정을 가장 적절하게 설명한 것은? (02 초등)

① 수업이 추구하는 학습의 결과 유형에 따라서 수업을 설계해야 한다.

② 학습자의 고차적 사고 능력의 향상에 초점을 두고 수업을 설계해야 한다.

③ 사용할 수업 매체를 결정하고 난 후 매체의 성격에 따라 수업을 설계해야 한다.

④ 포괄적이고 일반적 내용이 구체적 내용에 앞서 제시되도록 수업을 계열화해야 한다.

Analysis	Design	Development	Implementation	Evaluation	Keyword
분석 •요구분석 •학습자분석 •환경분석 •직무 및 과제분석	설계 •수행목표 명세화 •평가도구 설계 •구조화 •교수전략 및 매체선정	개발 •교수자료개발 •파일럿테스트 및 수정 •제작	실행 •사용 및 설치 •유지 및 관리	평가 •교육훈련 성과 평가	

1) 분석 단계(Analysis)

① 교수목표 설정을 위한 요구분석(현재 수준과의 차이)

② 학습자분석: 일반적인 특성, 출발점 행동, 사회경제적 수준, 동기, 학습양식

③ 환경(Contexts / Settings)분석: 학습한 기술을 사용할 환경과 상황

④ 직무/과제분석: 교수내용을 분석

2) 설계 단계(Design)

선행단계인 분석단계의 결과를 토대로 수행목표 서술, 평가도구 개발 및 교수전략 선정·개발이 이루어진다.

① 수행목표 서술: 성취 목표를 구체적으로 명세화

② 평가도구 개발: 학습성취를 측정할 평가도구를 설계하고 개발

③ 교수전략 선정·개발

3) 개발 단계(Development)

분석과 설계 단계의 결과인 교수의 청사진에 따라 교수 프로그램을 개발하는 이 단계에서는 교수 자료의 개발과 형성평가 실시에 따른 자료의 수정·보완이 이루어진다.

4) 실행 단계(Implementation)

이 단계는 완성된 교수 프로그램을 현장에서 사용하고 이를 유지, 관리하는 활동을 포함한다.

5) 평가 단계(Evaluation)

이 단계에서는 설계가 완료된 교수 자료의 효과를 총체적으로 평가하는 활동을 포함한다. 총괄평가는 교수설계와 관련된 요원을 중심으로 하는 내부 평가와 별도의 전문인에 의해 실시하는 외부 평가로 이루어질 수 있다.

---

107 체제적 수업 설계의 필요성과 거리가 먼 것은? (05 초등)

① 수업에 관한 전체적인 틀을 제공함으로써 수업을 개선할 수 있다.

② 수업 중에 일어난 예기치 못한 상황에 즉각적으로 대처할 수 있다.

③ 수업목표, 수업내용, 수업방법, 매체, 평가 등을 일관성 있게 계획할 수 있다.

④ 학습자의 요구 분석과 과제 분석을 통해 학습자에게 적절한 수업목표를 설정할 수 있다.

108 교수설계를 위한 ADDIE 모형 중 다음에 해당하는 단계는? (21 국)

• 학습목표 명세화 • 평가도구 개발 • 교수매체 선정

① 분석   ② 설계

③ 개발   ④ 실행

109 일반적 교수체제 설계모형(ADDIE)의 '분석 단계'에서 수행하는 활동을 〈보기〉에서 모두 고른 것은? (09 초등)

ㄱ. 요구 분석	ㄴ. 환경 분석
ㄷ. 교수자 분석	ㄹ. 학습자 분석
ㅁ. 직무 및 과제 분석	

① ㄱ, ㄴ, ㄷ   ② ㄱ, ㄹ, ㅁ

③ ㄴ, ㄹ, ㅁ   ④ ㄱ, ㄴ, ㄷ, ㄹ

⑤ ㄱ, ㄴ, ㄹ, ㅁ

1) 교수목표설정: 역량분석, 요구 분석 이후 교수 목표를 정의

① 요구분석 = 미래상태(바람직한) – 현재상태
② 교수 목표의 명확한 진술

2) 교수분석: (가네)학습영역분류, 학습과제분석, 하위기능분석, 출발점행동진단

① Gagne(1985) 학습결과 – 언어정보, 지적기능, 인지전략, 운동기능과 태도로 분류
② 학습과제분석 – 학습단계 + 하위기능분석
  ㉠ 수업목표의 학습단계가 분석된다. 즉, 수업목표가 학습되는 단계와 순서로 나누기 위해서 학습이 진행되는 마디 또는 시간별 절차로 분할해 낸다.
  ㉡ 각 단계를 학습하기 위해서 필요한 선수 지식이나 기능이 무엇인지를 밝히기 위해서 단계별 하위기능이 분석된다.
  ㉢ 분석결과에 따라 하위기능을 먼저 가르치고, 그 다음 관련된 상위목표를 달성하도록 수업순서를 정한다.
  ㉣ 분석된 모든 목표와 하위기능을 수행목표(또는 성취목표)로 진술한다.

목표 혹은 단계유형	하위기능분석의 유형
언어적 정보	군집 분석
지적 기능(변별, 개념, 원리, 문제해결)	위계적 분석
태도	통합 분석
운동	절차 분석, 위계적 분석

③ 출발점행동진단: 설정된 출발점 행동은 본시수업 초기단계에서 가르치지 않는다.

3) 학습자 및 상황 분석: 학습자의 출발점 행동 + 학습 맥락 및 상황을 분석

4) 수행목표 진술: 교수 목표-(하위 목표)-수행목표를 구별한다.

① 분석된 모든 목표와 하위 기능을 수행목표(또는 성취목표)로 진술한다.
② 분석된 학습목표들을 고려하여 연습문제, 형성평가 및 총합평가 도구를 개발한다.
③ 수행목표진술 단계에서는 학습이 끝났을 때 학습자가 할 수 있는 것으로 기대되는 목표를 구체적으로 진술한다

Keyword

110 딕과 캐리(W. Dick & L. Carey)의 체제적 교수설계에서 제시하는 학습과제 분석에 대한 설명으로 옳은 것을 〈보기〉에서 모두 고른 것은? (09 중등)

> ㄱ. 최소공배수를 구하는 학습과제는 위계분석을 한다.
> ㄴ. 시간을 잘 지키는 태도를 기르는 학습과제는 군집분석을 한다.
> ㄷ. 각 나라와 그 수도를 연결하여 암기하는 학습과제는 통합분석을 한다.
> ㄹ. 다항식의 덧셈을 하는 학습과제는 상위목표에서부터 하위목표로 분석해 나간다.

① ㄱ, ㄴ   ② ㄱ, ㄹ
③ ㄴ, ㄷ   ④ ㄴ, ㄹ
⑤ ㄱ, ㄷ, ㄹ

111 딕(W. Dick)과 캐리(L. Carey)의 체제적 교수설계 모형에서 학습과제분석(또는 교수과제분석)의 결과와 그 활용에 관한 설명 중 거리가 먼 것은? (06 중등)

① 분석된 모든 목표와 하위기능을 수행목표 (또는 성취목표)로 진술한다.
② 분석된 학습목표들을 고려하여 연습문제, 형성평가 및 총합평가 도구를 개발한다.
③ 설정된 출발점 행동을 본시수업 초기단계에서 가르치고 형성평가 단계에서는 성취도를 평가한다.
④ 분석결과에 따라 하위기능을 먼저 가르치고, 그 다음 관련된 상위목표를 달성하도록 수업순서를 정한다.

5) 평가도구 개발: 준거 지향검사, 루브릭 개발

6) 교수전략 개발: 수업사태 9가지, Keller의 ARCS(주의집중, 관련성, 자신감, 만족감)

7) 교수자료 개발

8) 형성평가: 일대일평가, 소집단평가(15명내외), 현장평가(실제상황) 등을 실시한다.

9) 수정

10) 총괄평가

	형성평가	종합평가
목적	교수 프로그램의 단점을 찾아 수정	교수 프로그램을 통해 습득한 기능이 어느 정도 실무에 전이되었는지 검토
단계	일대일 평가, 소집단평가, 현장평가	전문가 판단, 영향 분석
평가자의 지위	설계와 개발 팀의 구성원	일반적으로 외부 평가자
결과물	교수 프로그램을 수정	교수 프로그램의 건실성과 사용여부

ADDIE모형과 Dick & Carey모형의 비교

ADDIE모형	Dick & Carey모형
분석(Analysis)	(1) 요구사정 (2) 교수분석 (3) 학습자 및 환경분석
설계(Design)	(4) 수행목표진술 (5) 평가도구설계 (6) 교수전략수립
개발(Development)	(7) 교수자료 선택 및 개발 (8) 형성평가
실행(Implementation)	(생략)
평가(Evaluation)	(9) 총괄평가(Summative Evaluation)

Keyword

112 딕(W. Dick)과 캐리(L. Carey)의 수업설계모형에서 형성평가에 대한 설명으로 가장 적절한 것은? (07 중등)

① 일대일평가, 소집단평가, 현장평가 등을 실시한다.
② 형성평가의 결과를 바탕으로 총괄평가를 실시한다.
③ 개발된 수업프로그램을 실제 수업에 활용한 후에 실시한다.
④ 개발된 수업프로그램의 계속 사용 여부를 결정하기 위해 실시한다.

113 딕과 캐리(W. Dick, L. Carey & J. Carey)의 교수설계모형에 대한 설명으로 옳지 않은 것은? (11 중등)

① 교수 프로그램을 설계 및 개발하기 위해 체계적인 접근을 한다.
② 딕과 캐리의 교수설계모형에는 ADDIE 모형의 실행단계(I)가 생략되어 있다.
③ 교수 프로그램 설계 및 개발 과정을 주도한 교수설계자가 총괄평가를 실시할 것을 권한다.
④ 수행목표진술 단계에서는 학습이 끝났을 때 학습자가 할 수 있는 것으로 기대되는 목표를 구체적으로 진술한다.
⑤ 교수분석 단계에는 목표를 학습 영역(learning outcomes)에 따라 분류하고 수행행동의 주요 단계를 파악하는 활동이 포함된다.

114 딕과 캐리(Dick & Carey)의 체제적 수업설계 모형 요소의 일부분이다. 순서대로 나열한 것은? (05 중등)

ㄱ. 수업전략 개발	ㄴ. 학습과제 분석
ㄷ. 형성평가 실시	ㄹ. 구체적 행동목표 진술

① ㄴ-ㄹ-ㄱ-ㄷ
② ㄴ-ㄹ-ㄷ-ㄱ
③ ㄹ-ㄴ-ㄱ-ㄷ
④ ㄹ-ㄴ-ㄷ-ㄱ

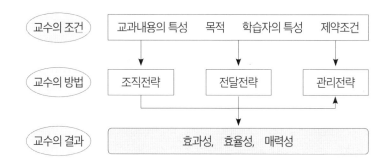

1) 개요(conditions, outcomes, methods)

① Reigeluth는 교수목표로서 학습과제의 유형에 따라서 교수전략과 방법이 다르게 처방되어야 한다고 보았다.
② 교수의 조건(conditions)이란 교수설계자나 교사가 통제할 수 없는 것
③ 교수의 방법(methods)은 서로 다른 조건하에서 학습 결과를 성취하기 위해 사용되는 다양한 전략을 말한다.
　　㉠ 조직 전략에는 하나의 아이디어를 가르칠 때의 교수전략인 미시적 조직 전략과 복합적인 여러 아이디어를 가르칠 때의 교수전략인 거시적 조직 전략이 있다.
④ 교수의 결과(outcomes): 효과성, 효율성, 매력성, 안정성

2) 라이겔루스(C. Reigeluth)의 정교화 이론(Elaboration Theory)

① 이 이론은 수업 내용을 단순 또는 간단한 것에서부터 시작하여 보다 세부적인 것으로 조직하는 계열화 원리에 의해 구축되었다. 정교화의 계열화 원리는 '카메라의 줌 렌즈'에 비유된다.
② 정수(epitome)를 시작으로 과제를 단순 또는 간단한 것에서부터 시작하여 보다 세부적인 것으로 조직하는 계열화 원리에 의해 구축되었다. 정교화의 계열화 원리는 카메라의 줌 렌즈에 비유된다.
③ 요약자: 학습자가 학습한 것을 망각하지 않도록 하기 위해 체계적으로 복습하는 데 사용되는 전략요소이다.
④ 종합자: 아이디어들을 서로 연결시키고 통합시키기 위하여 사용되는 전략요소이다.
⑤ 비유: 배워야 할 새로운 아이디어를 친숙한 아이디어들과 관련시켜 새로운 아이디어를 좀 더 쉽게 이해할 수 있도록 하는 전략이다.

Keyword

115 교수-학습이론 중 〈보기〉는 어떤 이론에 대한 설명인가? (03 초등)

> 먼저 광각렌즈를 통해 사물의 전체적인 모습을 관찰함으로써 각 부분들이 서로 어떠한 관계를 형성하고 있는지 파악할 수 있을 것이다. 그 다음 각 부분별로 확대해 들어가 세부 사항들을 관찰할 수 있을 것이다. 한 단계 줌인(zoom-in)해서 세부사항들을 관찰한 다음 다시 줌아웃(zoom-out)해서 전체와 부분 간의 관계를 다시 반복적으로 검토할 수도 있다.

① 정교화 이론
② 처방적 교수이론
③ 내용요소 제시이론
④ 구성주의 교수이론

116 라이겔루스(C. Reigeluth)가 교수의 3대 변인 사이의 관계를 도식화한 다음 모형에 대한 설명으로 옳은 것만을 〈보기〉에서 있는 대로 고른 것은?

(12 중등)

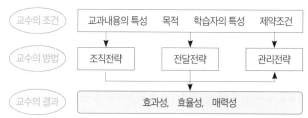

> ㄱ. '교수의 조건'이란 교수설계자나 교사가 통제할 수 있는 것으로, 가네(R. Gagné)의 학습조건 중 외적 조건과 같은 의미이다.
> ㄴ. '교수의 방법'이란 서로 다른 조건 하에서 의도한 학습 결과를 성취하기 위하여 사용되는 다양한 교수전략을 의미한다.
> ㄷ. '조직전략'에는 하나의 아이디어를 가르칠 때의 교수 전략인 미시적 조직 전략과 복합적인 여러 아이디어를 가르칠 때의 교수전략인 거시적 조직 전략이 있다.
> ㄹ. '교수의 결과' 중 매력성(appeal)이란 학습자가 교수·학습 활동과 학습자료 등에 매력을 느껴 학습을 더 자주 하려하고, 습득한 지식이나 기능을 사용하려는 성향을 의미한다.

① ㄱ, ㄴ
② ㄷ, ㄹ
③ ㄱ, ㄴ, ㄹ
④ ㄱ, ㄷ, ㄹ
⑤ ㄴ, ㄷ, ㄹ

1) 메릴(M. D. Merrill)의 내용요소제시이론(Component Display Theory)

① 수업과 관련하여 주요한 요인을 다음과 같이 세 가지의 차원으로 나누었는데, 가르칠 대상이 되는 교과로서 내용(contents)과 교수자의 활동인 제시(display), 학습자의 활동인 수행(performance)의 차원이다.

② 이중에서 학습자의 활동인 수행과 교과내용 간의 관계를 수행 내용 매트릭스로 교수자의 활동인 제시와 교과내용 간의 관계를 자료제시형태라는 교수처방이론으로 개발하였다.

③ 블룸, 가네, 라이겔루스 등이 학습유형을 지식의 내용적 차원으로 구분한 반면 메릴은 학습자 관점의 수행차원을 따로 분리하여 적용한 이론을 개발하였다.

2) 켈러(J. Keller)의 ARCS 모형: 주의, 관련성, 자신감, 만족감

① 주의 집중(Attention): 주의 집중을 위해 교사가 고려해야 하는 핵심적인 질문은 '학습자의 주의 집중을 어떻게 유발시키고 어떻게 유지시킬 수 있는가?'이다.
사례) 비일상적인 내용이나 사건의 제시를 통해 흥미유발

② 관련성(Relevance): 관련성을 위한 핵심 질문은 '이 수업이 어떠한 측면에서 학습자에게 가치 있을 수 있는가?'이다.
사례) 친밀한 인물이나 사건의 활용

③ 자신감(Confidence): 자신감을 위한 핵심 질문은 '학습자들이 자신의 통제하에서 성공하도록 하기 위해 어떻게 도와줄 수 있는가?'이다.
사례) 도전감을 느낄 수 있는 문제를 제시하고, 이를 해결했을 때 기분 좋게 느끼도록 한다. 쉬운 것에서 어려운 것의 순서로 과제 제시

④ 만족감(Satisfaction): 만족감을 위한 핵심 질문은 '학습자들이 그들의 학습경험에 대해 만족하고, 계속적으로 학습하려는 욕구를 가지도록 하기 위해 어떻게 도와줄 수 있는가?'이다.
사례) 성공적 학습 결과에 대한 긍정적 피드백 제공

Keyword

117 〈보기〉는 메릴(M. D. Merrill)의 내용요소제시이론에 대한 설명이다. 옳은 것을 모두 고른 것은? (08 중등)

> ㄱ. 인지적 영역의 수업을 설계하는 데 효과적이다.
> ㄴ. 목표를 분류하고 이에 따른 교수 전략을 구체적으로 처방하는 데 활용할 수 있다.
> ㄷ. 개방적 체제로 구성되어서 지식의 전체적·통합적 이해를 용이하게 하도록 지원한다.

① ㄱ, ㄴ   ② ㄱ, ㄷ
③ ㄴ, ㄷ   ④ ㄱ, ㄴ, ㄷ

118 켈러(J. Keller)가 제안한 동기설계에 관한 ARCS 모형에 대한 설명으로 적절하지 않은 것은? (07 중등)

① 학습동기 유발을 위한 동기요소에는 주의집중, 관련성, 자신감, 만족감이 있다.
② 교사주도 수업뿐만 아니라 컴퓨터보조수업이나 e-러닝 콘텐츠 설계에도 활용가능한 모형이다.
③ 학습동기를 유발하고 지속시키기 위하여 학습환경의 동기적 측면을 설계하는 문제해결 접근이다.
④ 학습자의 동기수준을 최대한 높임으로써 학업성취 향상에 직접적인 영향을 미치고자 동기설계를 하는 모형이다.

119 켈러(Keller)의 ARCS 이론의 만족감(Satisfaction) 증대를 위한 수업 전략은?

(03 중등)

① 친밀한 인물이나 사건의 활용
② 비일상적인 내용이나 사건의 제시
③ 쉬운 것에서 어려운 것의 순서로 과제 제시
④ 성공적 학습 결과에 대한 긍정적 피드백 제공

토의	의미: 주제에 대한 의견의 교환
	과정: 정보의 교환
토론	의미: 주장의 정당성에 대한 논증
	과정: 객관적 근거에 의한 논증 → 상대방의 설득

Keyword

1) 배심 토의(Panel)

토의에 참가할 인원이 많을 때 적절한 것으로 각 부의 대표자 4~6명과 다수의 일반인으로 구성된다. 의장은 각부의 대표자 1인당 1회가량의 발언할 기회를 제공하고, 배심원(패널)은 그 내용에 대해 토의한다. 토의가 마무리될 무렵에는 일반참가자의 발언이나 질문도 받아들이도록 한다. 이러한 과정을 거쳐 최종적으로 배심원들이 결론을 내린다. 배심원은 그 문제에 대하여 정통해 있어야 하며 필요시는 전문가를 초대할 수도 있다.

2) 포럼(forum)

이 토의는 특별한 주장을 가진 전문가 1~3명이 자신의 의견을 청중 앞에 발표하고 발표한 내용을 중심으로 여러 명의 청중과 질의 응답하는 방법이다. 이 방법은 청중이 토의에 직접 참여하는 것이 특징이다.

3) 원탁식 토의(round table)

원탁식 토의는 토의의 전형적 형태로서 사전 지식이 있는 사회자와 서기를 포함하여 7~8명이 원탁에 둘러앉아 모든 학생이 상호 대등한 관계 속에서 자유롭게 의견을 교환하는 것이다. 사회자는 회의 규칙을 잘 이해하고 자유로운 분위기에서 구성원 모두가 발언할 수 있는 기회를 가질 수 있도록 안내한다.

4) 단상 토의(symposium)

단상 토의는 전문적인 지식을 가진 2~5명의 인사가 사회자의 안내에 따라 특정주제에 대해 서로 다른 입장으로 청중 앞에서 발표하고, 발표자 간의 질의 응답을 통한 토의를 한다. 단상 토의는 토론자, 사회자, 청중이 전문가로 구성되는 것이 특징이다.

5) 버즈토의(Buzz)

버즈 토의란 벌들이 윙윙거리는(buzz) 것과 같이 여러 명의 학생들이 집단을 편성하여, 서로 의견을 교환하면서 학습해 가는 방법이다. 이 학습법은 학급 내의 인간관계를 개선하고, 학생의 기초학력을 향상시키기 위해 고안된 토의학습의 한 유형이다.

---

120 다음에서 김교사가 활용한 토의식 수업의 유형은? (07 중등)

> 김교사는 환경오염에 대한 수업시간에 환경전문가인 강 박사를 초청하였다. 김교사는 수업방식 및 주제에 대하여 간단히 안내하였다. 강박사는 학생들에게 약 15분간 지역의 환경오염 방지 방안을 설명하였다. 이후 김교사의 사회로 학생들은 설명 내용에 대하여 30분간 강박사와 질의응답 시간을 가졌다.

① 포럼(forum)
② 배심토의(panel discussion)
③ 버즈토의(buzz session method)
④ 원탁토의(round table discussion)

121 다음에서 제시하고 있는 토의학습 유형에 해당되는 것은? (04 중등)

> 김 교사는 토의학습을 위해 7~8명의 학생을 학습집단으로 편성하였다. 토의학습에 참여한 모든 학생이 상호 대등한 관계 속에서 자유롭게 의견을 교환하도록 하였다. 각 집단은 주제에 관련된 사전 지식이 있는 학생을 사회자로 선출하고 기록자도 선정하였다. 김 교사는 구성원 모두가 발언할 수 있는 기회를 가질 수 있도록 안내하였다.

① 공개토의
② 원탁토의
③ 배심토의
④ 단상토의

122 인터넷을 이용한 〈보기〉와 같은 토론수업의 교육적 기대 효과와 가장 거리가 먼 것은? (03 중등)

> 교사는 대학 기여 입학제에 관한 토론 수업을 시도하였다. 먼저 학생들로 하여금 각자 찬반 의견을 인터넷 토론방에 올리도록 하였다. 그리고 동료 학생들의 의견을 읽고 비평하게 하였다. 마지막으로 자신의 의견을 수정하여 다시 올리도록 하였다.

① 의사소통 능력의 향상
② 다양한 사고활동의 촉진
③ 비판적 사고능력의 함양
④ 교사가 의도한 최종 결론의 도출

1) 협동학습

협동학습이란 공동의 목표를 달성하기 위해 학습자들이 함께 학습해 가는 것을 말한다. **협동학습의 근원은 학교교육이 학생들로 하여금 사회생활에서 서로 협동하며 살아갈 수 있는 능력과 태도를 길러주어야 한다는 교육이념에서 연유한다.**

Keyword

목표	• 지식의 이해 • 사고력의 신장 • 사회적 기능과 가치의 형성	
필요 조건	• 이질적 집단의 구성 • 적극적 상호의존성의 강화 • 평가(소집단 보상)	• 개별적 책무성 부여 • 공동의 목표
효과	• 개별적 책무성의 증가 • 대면적 상호작용의 증가	• 적극적 상호의존성과 협력의 증대 • 사회적 기능과 가치의 형성

2) 협동학습 종류

과제분담학습 Ⅰ(Jigsaw Ⅰ) - 과제의 상호의존성은 높고 보상의존성은 낮은
과제분담학습 Ⅱ(Jigsaw Ⅱ) - Jigsaw Ⅰ + 집단보상
성취 과제분담학습(Student Teams-Achievement Division) - 개선점수 + 집단보상
자율적 협동학습(Co-op Co-op) - 자기결정성

3) 개별학습: **학습목표, 교육내용, 교육방법, 평가의 개별화 + 자기주도학습**

① 교육목표는 학습자 개인의 동기·능력·희망·흥미에 따라 선택되고 결정된다.
② 평가 결과에 따라 교정이 이루어지거나 보충·심화 과제가 주어진다.
③ 학생의 수준과 속도에 따라 학습내용의 분량과 진도 등이 결정된다.

---

123 〈보기〉에서 협동학습에 대한 설명으로 맞는 것을 모두 고르면? (04 중등)

> ㄱ. 학습과정에서 리더십, 의사소통기술과 같은 사회적 기능들을 직접 배운다.
> ㄴ. 협동기술은 청취기술, 번갈아 하기, 도움주기, 칭찬하기 등이 있다.
> ㄷ. 정해진 시간에 다양한 지식을 전달할 수 있으며, 교사의 의사대로 수업시간과 학습량에 대한 조절이 용이하다.

① ㄱ   ② ㄱ, ㄴ
③ ㄴ, ㄷ   ④ ㄱ, ㄴ, ㄷ

124 과제의 상호의존성은 높고 보상의존성은 낮은 협동학습 모형은? (05 중등)

① 팀경쟁학습(TGT)
② 팀보조개별학습(TAI)
③ 성취과제분담학습(STAD)
④ 과제분담학습 I(Jigsaw I)

125 다음과 같은 활동은 어떤 협동학습의 방법인가? (01 초등)

> 유교사는 반 전체 학생을, 6명씩 7개의 모둠으로 구성하였다. 그리고 학습주제를 6개로 분류하여 각 모둠원이 하나의 주제를 선택하도록 하였다. 각 모둠내에서 동일 주제를 선택한 학생들끼리 새로운 모둠을 구성하여 해당 주제를 협동하면서 학습하였다. 해당 주제를 학습한 후 각자 최초의 자기 모둠으로 다시 모여 자신이 학습한 내용을 서로 돌아가면서 가르쳐 주었다.

① 직소방법(jig saw method)
② 집단탐구(group investigation)
③ 협동을 위한 협동학습(co-op co-op 모형)
④ 토너먼트 게임형(teams- games tournaments model)

1) 학생팀 조직 모형(STAD)

① 모집단을 편성한다(단, 전문가 집단 활동은 하지 않는다).
② 팀 구성원 모두가 학습내용을 이해할 때까지 팀 학습이 계속되고,
③ 팀 학습이 끝나면 개별적으로 시험을 본다.
④ 향상 점수를 산출하여 집단 보상을 제공한다.
⑤ 기초점수 재산정 후 팀 재배정

2) 자율적 협동학습(Co-op Co-op): 케간(Kagan, 1985a, 1992)

① 학생들은 전체 학급에서 교사가 부여한 주제에 대해 대략적인 학습 내용을 토론한 뒤 여러 소주제를 나눈다.
② 자신이 원하는 소주제를 다루는 모둠에 참여해서 토의를 통해 그 소주제를 다시 더 작은 주제로 나누어 각자가 맡은 부분을 심도 있게 조사한다.
③ 자신이 조사한 내용을 가지고 모둠에서 정보를 나누게 되고 이 모둠별로 그 모둠이 맡은 과제를 전체 학급에 발표한다.

Keyword

STAD	TGT	Jigsaw II	TAI
1. 교사가 강의나 토론식 수업을 통해 내용을 전달	1. 교사가 강의나 토론식 수업을 통해 내용을 전달	1. 학생들은 교과서의 정해진 부분을 읽고 각자 해당 과제를 맡음	1. 진단검사를 실시하여 공부할 내용을 결정
2. 학생들은 각 팀별로 연습지의 문제나 질문을 공부	2. 각 팀별로 활동지 문제나 질문을 공부	2. 각 팀별로 동일한 주제를 맡은 학생들끼리 전문가 집단 형성	2. 학생들은 자신의 학습 속도에 따라 배정된 단원을 공부
3. 교사가 학생들이 공부한 자료에 대한 시험 실시	3. 각 팀별로 점수를 얻기 위해 학술 게임 실시	3. 학생들은 자신의 팀으로 돌아가 팀 동료들과 주제를 공유	3. 팀 동료들끼리 정답을 확인하고 점검 학생이 퀴즈를 실시
4. 교사가 개별 향상점수와 팀의 평균점수를 산출	4. 교사는 4주 동안 팀별 점수를 기록하여 최우수 팀과 최우수 학생을 선정	4. 학생들은 공부한 주제에 대한 퀴즈 실시 5. 개별 퀴즈를 통해 팀 점수와 개별 향상 점수를 산출	4. 팀별 퀴즈 점수를 평균하고, 점검 학생이 끝마친 단원의 수를 세어 팀 점수를 산출

126 〈보기〉와 같은 방식에 따라 김교사가 진행한 협동학습 유형으로 가장 적절한 것은? (07 중등)

> • 전체 학생들에게 기본적인 학습내용을 설명한 후, 학습능력 등을 고려하여 이질적인 4명씩으로 팀을 구성하였다.
> • 팀별로 나누어준 학습지의 문제를 협동학습을 통하여 해결하도록 하였다.
> • 팀별 활동이 끝난 후, 모든 학생들에게 퀴즈를 실시하여 개인 점수를 부여하였고, 이를 지난 번 퀴즈의 개인 점수와 비교한 개선 점수를 주었다.
> • 개선 점수의 합계를 근거로 우수 팀을 선정하였다.

① 집단조사(Group Investigation)
② 팀경쟁학습(Team Games Tournaments)
③ 팀보조 개별학습(Team Assisted Individualization)
④ 성취과제분담학습(Student Teams-Achievement Division)

127 다음과 같은 교수 학습 절차가 적용되는 교수 학습 모형은? (04 초등)

> • 사전 진단검사를 통해 능력수준이 각기 다른 학생들을 4~5명씩으로 하여 팀을 구성한다.
> • 각자의 수준에 맞는 학습과제를 교사의 도움 아래 개별적으로 학습한다.
> • 단원평가 문제를 각자 풀게 한 후, 팀 구성원들을 두 명씩 짝지어 교환채점을 하게 한다.
> • 일정 성취수준에 도달하면, 그 단원의 최종적인 개별시험을 보게 한다.
> • 개별점수를 합하여 각 팀의 점수를 산출한다.
> • 미리 설정해 놓은 팀 점수를 초과한 팀에게 보상을 한다.

① 직소(Jigsaw)모형
② 함께 학습하기(LT)모형
③ 팀 보조 개별학습(TAI)모형
④ 토너먼트 게임식 팀 학습(TGT)모형

1) 구성주의에 관한 기본가정

① 지식은 인식의 주체에 의해서 구성되며, (학생)
② 지식은 맥락적이어서 발생하는 상황에 영향을 받으며, (실생활)
③ 지식은 사회적 협상을 통해서 형성된다는 것이다. (토론, 협동)

2) 구성주의 교수방법

① 실제 환경에서 직면하게 되는 문제를 학습과제로 제시하여 학습한 내용과 실제 세계를 연결하도록 한다.
② 학생 스스로 사고과정을 통해 문제를 해결하도록 촉진한다.
③ 협동학습을 통해 학생이 생각을 능동적으로 발전시키도록 돕는다.

구분	객관주의(교사중심)	구성주의(학습자중심)
지식	개인의 정신과 독립적으로 존재하는 고정적이고 확인할 수 있는 객체로서 내부로 전달되는 것	사회적 경험을 바탕으로 개인의 인지적 작용에 의하여 지속적으로 구성, 재구성되어지는 것
실재	인식 주체의 외부에 존재	인식 주체에 의해 결정
문제	학습할 가치가 있다고 객관적으로 검증된 학습내용	실제적·맥락적, 비구조화된 문제
학습자	수동적 수용자	능동적인 지식 구성자 구체화, 성찰, 탐구
교사	지식의 전달자	학습 안내자, 촉진자 역할 모델링, 코칭, 비계설정(scaffolding)
교수목적	체계적, 효율적인 지식 전달	비판적 사고, 문제해결력 함양
목표	초월·범우주적인 진리와 지식의 추구	개인에게 의미 있고 적합한 지식의 구성

Keyword

128 구성주의 교수 – 학습 방법에 대한 설명으로 옳은 것은? (15 7급)

① 지식의 외재적인 실재를 강조한다.
② 사실이나 개념, 원리 등 지식의 요소를 이해하는 것에 초점을 둔다.
③ 교수목표와 과제를 사전에 구체적으로 분석하고, 목표달성 전략을 고안한다.
④ 학습과정에서 학습자의 능동적 참여와 문제해결 수행 여부를 중시한다.

129 구성주의 학습이론이 교수설계에 주는 시사점으로 옳지 않은 것은?

(13 7급)

① 구성주의는 학습자 중심의 학습환경을 강조한다.
② 구성주의는 실제적 과제와 맥락을 강조한다.
③ 구성주의는 문제해결 중심의 학습을 강조한다.
④ 구성주의는 외재적 동기의 강화를 강조한다.

130 다음의 학습에 대한 관점에 입각한 수업 설계 원리로 적합하지 않은 것은? (11 7급)

> • 실재에 대한 지식은 매개를 거친다.
> • 인간의 지각은 주체의 안목과 긴밀한 연계를 맺고 있다.
> • 인식주체의 역사·문화적 상황을 떠난 절대적 관점은 존재하지 않는다.

① 학습의 평가는 준거지향 평가에서 벗어나야 한다.
② 수업 과제를 구체적으로 분석하여 사전에 수업목표를 설정한다.
③ 현실세계의 문제 상황과 관련된 지식을 제공한다.
④ 학습자가 지식을 해석하고 생성할 수 있는 환경을 조성한다.

1) 상황학습(situated learning): 브라운(Brown)

① Brown과 그의 동료들(1989)은 학습의 파지와 전이는 지식이 실제로 통용되는 맥락에서 앎(knowing)과 행함(acting) 이 동시에 이루어질 때 촉진된다고 보았다.
② 상황학습은 실제적인 문제를 포함하는 환경에서 이루어지는 문화 적응 과정이다.
③ 지식이 생성된 맥락 속에서, 문제해결 활동을 통해 그것이 활용되는 상황을 이해함으로써 온전한 학습이 이루어진다.
④ '실행공동체(community of practice)'와 '정당한 주변적 참여(legitimate peripheral participation)'는 상황학습의 주요 개념이다.
⑤ 상황인지에서는 '초보자(novice)'인 학습자가 실제 환경에서 문제해결과정을 관찰하는 기회를 학습의 시작으로 본다 (Lave & Wenger, 1991). 전문가 집단에 의해서 초보자는 문제해결과정에 주변인으로 참여할 기회(Legitimate Peripheral Participation LPP)를 부여받고, 관찰자에서 점차적으로 문제해결을 주도하는 중심적 역할을 가지게 되면서, 전문가가 되어 간다.

2) 인지적 도제학습(cognitive apprenticeship): 콜린스(collins), 브라운(Brown)

① 인지적 도제는 상황인지에 기반하여 제안되었기 때문에 전문가 양성 방법으로 전통적 도제제도를 최적의 방법으로 고려한다.
② 교사: 모델링(modeling), 코칭(coaching), 스캐폴딩(scaffolding)
③ 학습자: 구체화(articulation), 성찰(reflection), 탐색(exploration)

3) 정착 수업(anchored instruction): 밴더빌트대학교

① 밴더빌트대학교의 인지 테크놀로지 연구단이 상황학습을 적용한 정착수업을 소개
② 학습자의 일상생활에서 접할 수 있는 현실적인 문제들을 비디오디스크를 활용하여 상황적 맥락을 제공하였다.
③ 재스퍼 시리즈(The Jasper Woodbury Problem Solving Series) 프로그램에서 Jasper라는 소년이 직면하게 되는 문제 상황(흔히 미국의 소년이라면 접할 수 있는 실제적인 문제 상황)을 멀티미디어와 함께 스토리로 제공받으며 학생들은 흥미롭게 문제를 풀어갈 수 있다.
④ 문제해결을 위한 모든 자료가 비디오 안에 내재되도록 설계: 이를 통해 학습자가 문제해결을 위해 어떤 자료가 필요한지 의사결정을 하고 필요한 모든 정보는 비디오디스크와의 상호작용을 통해 습득할 수 있게 한다.

Keyword

---

131 상황학습이론(situated learning theory)을 적용한 수업 방법과 가장 거리가 먼 것은? (02 초등)

① 교과 간 통합적 과제나 문제를 제시한다.
② 매체를 활용하여 구체적 사례들을 다양하게 제시한다.
③ 지식이나 기능이 사용되는 구체적 맥락을 제시한다.
④ 복잡한 지식과 기능은 되도록 단순화하여 명료하게 제시한다.

132 다음 설명에 해당하는 교수 - 학습 이론은? (21 지)

> 전문가와 초심자 간의 특정한 관계 속에서 실제적 과제를 해결해 나가는 과정을 통하여 새로운 지식을 구성함으로써 개념을 발전시켜 나간다. 전문가는 초심자의 지식 구성과정을 도와주는 역할을 하며, 초심자는 전문가와의 토론이나 초심자 간의 토론을 통하여 사회적 학습행동을 습득하고 자신의 인지적 활동을 통제하면서 인지능력을 개발한다.

① 상황학습 이론　　　　② 문제기반학습 이론
③ 인지적 융통성 이론　　④ 인지적 도제학습 이론

133 〈보기〉의 내용과 가장 가까운 교수 · 학습 모형은? (07 초등)

> • 읽기 능력이 낮은 학생들에게 효과적인 방법이다.
> • 문제를 해결하기 위하여 학생들 간 협력을 필요로 한다.
> • 실제 상황과 관련한 흥미로운 문제 해결이 중심이 된다.
> • 실제 상황을 모사한 영상매체의 이야기를 통해 수학문제를 제시한다.

① 정착 수업(anchored instruction)
② 위계 학습(hierarchical learning)
③ 디자인 중심 학습(learning by design)
④ 프로그램 학습(programmed learning)

1) 상호교수(reciprocal teaching): 팔린사와 브라운(Palincsar & Brown)

① 스캐폴딩을 활용하는 수업 모형인 상보적 교수법은 비고츠키 이론을 바탕으로 팔린사와 브라운에 의해 독서 지도 이론으로 개발되었다.

② 학습자의 읽기 능력 향상을 위해 독서수준이 뒤진 학습자들이 함께 대화하거나 교사와 대화하며 교재의 의미를 파악하도록 고안되었다.

③ 협력적인 대화를 사용하여 자기조절적 학습을 유도하며 요약하기, 질문하기, 명료화하기, 예측하기 등 교사가 사용하는 전략에 대해 초기에 시범을 보여주면 학습자는 연습을 통해 점차 교사를 모방하며 전략을 내면화하게 된다.

2) 인지 유연성 이론(Cognitive Flexibility Theory: CFT): 스피로(Spiro)

① 인지 유연성 이론은 현실의 다양한 맥락에 존재하는 복잡성이 높은 비구조 문제를 해결하기 위해 필요한 고차원적 지식을 기르는 방법으로 제안되었다(Spiro, 1988).

② 인지 유연성이란 급격한 상황 변화에 능동적으로 본인의 지식을 재구조화(restructure)하여 적응(adaptive response)하는 능력(ability)을 의미한다(Spiro & Jehng, 1990).

③ 지식구조를 단순화시키지 말고, 복잡한 그대로를 학습자에게 가르쳐, 학습자의 단순하고 얕은 수준의 지식 이해를 최소화한다.

④ 여러 가지 방법을 통해 사례를 제시하거나 동일한 사물 및 현상에 대한 다양한 관점을 제시한다.

⑤ 지식을 단순화 · 구조화하여 제시하는 것은 고차적 습득을 오히려 방해한다.

⑥ 지식의 전이는 지식을 단순히 기억해내는 것이 아니라 즉각적으로 재구성하는 것이다

⑦ 다양한 적용 사례들을 제시해 줌으로써 다양한 형태의 지식을 다각도로 체험하게 한다.

3) 사례기반학습(Case-Based Learning)

① 사례기반학습(CBL)은 적절한 맥락과 의미 있는 문제를 제공하는 실제의 사례에 대한 분석과 논의에 학습자를 참여시키며, 현재 직면한 문제를 해결하기 위해 고차원적인 인지 과정을 거치며 지식을 습득하고 학습하는 교육방법이다.

② 1870년대 Harvard Law School의 Langdell 교수가 자신의 수업에 사례연구법(case method)을 적용하고 사례를 활용한 교육을 바탕으로 시작되었다(Patterson, 1951).

③ 사례기반학습은 구성주의에 기반하고 있으며 현실의 상황의 맥락을 강조하고 있으므로 학습자가 추상적인 관계를 개념적으로 이해할 필요가 있을 경우에 적합하다.

④ 따라서 전통적 수업에서 문제기반학습으로 전환해 가는 중간 단계에서 사례기반학습을 폭넓게 활용할 수 있다.

Keyword

---

134 다음 설명에 해당하는 교수-학습 모형은? (12 7급)

> • 단기간에 독해 교육의 성과를 얻는 데 유용한 것으로 보고된 구성주의적 교수-학습 모형이다.
> • 학생들의 읽기와 듣기 이해력 향상을 위한 네 가지 핵심 전략으로 요약(summarizing), 질문(questioning), 명료화(clarifying), 예언(predicting) 등을 제시하였다.

① 상보적 교수(reciprocal teaching) 모형
② 상황적 수업(anchored instruction) 모형
③ 인지적 도제(cognitive apprenticeship) 모형
④ 문제 중심 학습(problem based learning) 모형

135 〈보기〉와 가장 관련 깊은 이론은? (03 중등)

> • 대부분의 지식은 복잡하고 다원적인 개념으로 형성되어 있다.
> • 지식을 단순화 구조화하여 제시하는 것은 고차적 지식 습득을 오히려 방해한다.
> • 지식의 전이는 지식을 단순히 기억해내는 것이 아니라 즉각적으로 재구성하는 것이다.
> • 적용 사례들을 제시해 줌으로써 다양한 형태의 지식을 다각도로 체험하게 한다.

① 정교화 이론(Elaboration Theory)
② 신경망 이론(Neural Network Theory)
③ 내용요소 제시 이론(Component Display Theory)
④ 인지적 융통성 이론(Cognitive Flexibility Theory)

136 학생들에게 복잡하고 비구조화된 개념을 가르치기 위하여, 스피로(R. Spiro)의 인지적 유연성 이론에 기초하여 개발된 동영상 수업자료를 활용하고자 한다. 이때 수업시간에 보여 줄 동영상 형태로 가장 적합한 것은? (09 중등)

① 해당 개념에 대한 강의를 5분 단위로 자른 동영상 5~6개
② 해당 개념이 한 가지 관점에서 한 사례에 적용된 5분 안팎의 동영상 1개
③ 해당 개념이 한 가지 관점에서 한 사례에 적용된 20분 안팎의 동영상 1개
④ 해당 개념에 대한 강의에 시각자료를 포함한 20분 안팎의 동영상 1개
⑤ 해당 개념이 각기 다른 관점에서 여러 사례에 적용된 1분 안팎의 동영상 5~6개

1) 문제기반학습(Problem-Based Learning: PBL) 모형: 배로우스(Barrows)

① 의과대학에서 전통적으로 고수되어 온 의사양성방법의 문제점을 개선하기 위하여 문제 중심 학습 개발
② 협동학습을 장려한다. 문제 중심 학습을 사용하는 학생들은 문제해결을 위해 각자 배우고 함께 활동하면서 팀워크 기술을 형성한다.
③ 교사는 학습지원자(촉진자)의 역할을 하고, 학생은 자기주도적인 성찰
④ 문제 특징: 비구조적 문제, 실제적이고 맥락적
⑤ 실제문제 + 자기주도학습 + 협동학습

2) PBL의 구성 요소 4가지: 학습자, 교사, 문제, 학습자원

① 학습자: 문제 중심 학습에서 학습자들은 소그룹 활동을 통해 문제를 해결함으로써 학습 목표에 도달한다. 학습자들은 자신의 학습행동에 책임을 져야 하므로 자기 주도적으로 행동한다.
② 교사: 학습 과정에 정보를 제시해 주거나 받아쓰게 하는 지시자가 아니라 그룹의 학습 과정을 촉진하는 촉진자로서의 역할을 한다.
③ 문제: 비구조적인 문제를 창안해 낼 때 주의할 사항으로는 실제 생활과 밀접한 관련이 있어야 하고, 학습자의 사고를 촉진시킬 수 있는 문제이어야 한다.
④ 학습자원: 기존 수업에서는 교육자원인 주요 정보와 이론적 근거가 교사의 강의에서 제시되며 책과 정기간행 학술지, 논문 등은 보충적인 역할을 한다. 그러나 문제 중심 학습에서는 학습자가 교재, 저널, 인터넷 비디오, 교사, 친구 등의 가능한 많고 다양한 자원을 지식의 습득에 활용한다.

3) 프로젝트 학습과 협동학습 강조: 킬패트릭(W. H. Kilpatrick)

① 경험주의 교육의 구체적 방법으로 프로젝트 중심 학습(project Method)이 유행하였다.
② 킬패트릭 프로젝트 학습의 과정은 목표 설정, 계획, 실험, 평가(판단)의 네 단계
③ 프로젝트 학습법은 자신의 생각을 구현하기 위하여 계획을 세우고 그것을 실행하는 학습방법
④ 문제해결을 위한 프로젝트 학습법은 문제해결을 계획하고 그것을 실행하는 학습방법이다.
⑤ 교사중심의 설명식 수업법에 비하여 프로젝트 학습법은 학생의 자율과 창의성을 더 요구한다.
⑥ 프로젝트 학습법을 협동학습과 연계하면 문제해결을 위한 협동적 프로젝트 학습법이 된다.
⑦ 20세기 초 미국에서 진보주의 교육운동이 한창일 때, 협동학습과 연계하여 주로 실행되었다.

Keyword

137 문제중심학습(problem - based learning)의 특성을 가장 적합하게 설명한 것은? (01 초등)

① 준거지향평가를 강조한다.
② 단답형 문제 중심으로 학습한다.
③ 실제 상황과 관련된 문제로 학습활동을 수행한다.
④ 행동주의와 인지주의 학습이론을 중심으로 교육한다.

138 문제중심학습(problem- based learning)에 대한 설명으로 잘못된 것은?
(05 중등)

① 문제는 복잡하고 비구조적이며 실제적인 특성을 지닌다.
② 평가는 과정 중심적이라기보다는 결과 중심적이다.
③ 상대주의적 인식론인 구성주의에 이론적 근거를 둔다.
④ 학습방식은 자기주도적 학습과 협동학습으로 이루어진다.

139 문제중심학습(problem-based learning)에 대한 설명으로 옳지 않은 것은?
(17 7급)

① 비구조화된 문제상황에서 추론기능과 자기주도적 학습을 필요로 한다.
② 의과대학에서 전통적인 교육방식의 문제점을 개선하기 위해 개발된 모형이다.
③ 실제 문제를 중심으로 학습내용을 학습자가 찾아서 해결하는 학습자 중심의 모형이다.
④ 문제해결 과정이 끝난 후 실시되는 평가는 교사에 의해 시험으로 이루어진다.

1) 개요

① 구성주의 학습환경은 일상에 존재하는 비구조화된 문제를 학습자가 주도적으로 해결하는 과정을 통하여 학습자 스스로 의미 있는 지식을 만들 수 있도록 지원하는 학습환경을 말한다.

② 1990년대에 대다수 연구자 및 교수학습 설계자들이 행동주의 및 인지주의 관점의 학습모형을 활용하고 있을 때, Jonassen은 구성주의 학습설계라는 대안을 제시하였다.

③ 교수자 역할: 모델링(modeling), 코칭(coaching), 스캐폴딩(scaffolding)

④ 학습자 역할: 구체화(articulation), 성찰(reflection), 탐색(exploration)

2) 조나센 구성주의 학습환경 설계 모형 단계

① 실제적이고 현실적인 문제 혹은 프로젝트(problem/project)

② 문제 이해를 지원하는 관련 사례

③ 문제 탐구를 지원하는 정보 자원

④ 문제 해석 및 수행을 지원하는 인지도구

⑤ 팀 활동 및 팀 학습을 지원하는 대화 및 협력 도구

⑥ 학습분위기를 조성하는 사회 맥락적 지원

Keyword

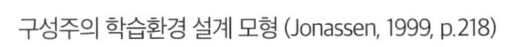

구성주의 학습환경 설계 모형 (Jonassen, 1999, p.218)

140 조나센(D. Jonassen)의 구성주의 학습환경 설계 모형에 근거하여 박 교사가 프로젝트 수업을 위한 웹사이트를 제작하고자 한다. 설계 요소로서 (가)에 가장 적합한 것은? (12 중등)

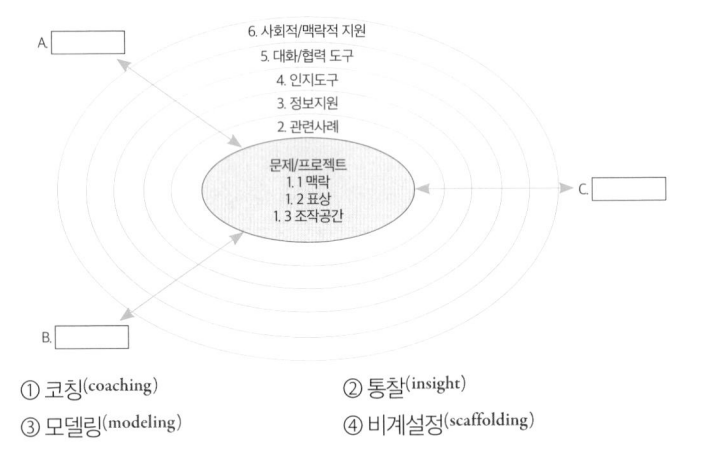

① 용어집　　　　　　② 학습계획서

③ 성찰하기 도구　　　④ 개념도 그리기 도구

⑤ 프로젝트와 관련된 사례

141 다음은 조나센(D. H. Jonassen)의 구성주의 학습 환경 설계 모형이다. 안에 들어갈 교수자의 교수 활동에 해당하지 않는 것은? (08 중등)

① 코칭(coaching)　　　② 통찰(insight)

③ 모델링(modeling)　　④ 비계설정(scaffolding)

1) 원격교육: 우편물로 시작, 현재는 온라인 수업 위주

① 원격교육이란 교수자와 학습자가 공간적 · 시간적 분리를 다양한 매체에 의존하여 극복하면서 교수학습목표를 성취하는 교육활동

② 원격교육의 질은 교수자와 학습자 간의 상호작용을 지원하는 지원체제의 질에 의해 좌우된다. 물론 일반교육에서도 지원체제의 영향을 받기는 하지만 원격교육의 경우는 그 영향이 더 커진다.

③ 원격교육은 전통적인 일반 교육에 비해 훨씬 더 많이 학습자 중심의 교육이 이루어진다. 따라서 학습통제권이 학습자에게 주어지기 때문에 성공적인 원격교육을 위해서는 학습자의 자기주도적 학습능력이 일반 교육에 비해 더 많이 요구된다.

④ 원격교육은 면대면 교수-학습 활동과는 다른 형태의 인프라, 교수설계, 활동, 실행, 평가의 전략을 필요로 한다. 예를 들면 강의중심이 아닌 성찰과 협력학습 중심, 시험을 통한 평가만이 아닌 수행 중심의 평가 등과 같이 전반적인 변화가 필요하다.

2) 이러닝(e-learning): 인터넷기반의 전자매체학습

① 이러닝은 컴퓨터와 각종 정보통신매체가 지원하는 상호작용성에 기반한 온라인 학습을 주로 교수학습과정에 적용하면서 시간과 장소에 대한 제약을 받지 않는 새로운 형태의 교육방법

② 교육활동의 개별화를 촉진시키며 학습효과를 극대화시킨다.

③ 교육의 경제성 및 대중화를 촉진시킨다.

3) 플립러닝(flipped learning)

거꾸로 학습은 교사가 수업시간에 강의를 하지 않고, 수업내용 관련 동영상을 제공하여 학생들이 미리 학습하게 하고, 수업시간에는 학생 주도로 과제수행, 질문, 토론 등 학생들이 적극적으로 참여하는 수업방식

4) 블렌디드 러닝

블렌디드 러닝은 학습의 효과성을 향상시키고 학습경험을 극대화하기 위하여 온라인과 오프라인 학습환경뿐만 아니라 다양한 학습방법과 매체를 결합하여 활용하는 교수-학습 방법이다.

5) 모바일 러닝(mobile learning)

스마트폰 등 모바일 기기를 통해 언제 어디서나 자유롭게 인터넷에 접속해 교육받을 수 있게 하는 시스템이다. 기기의 4C(Content, Capture, Compute, Communicate) 기능을 활용하여 교수 · 학습을 촉진

6) 마이크로 러닝(micro learning)

1가지 주제에 1가지 아이디어를 전달하는 5분 이내로 소비될 수 있는 짧은 학습(콘텐츠) 방식

Keyword

142 다음과 같은 방식으로 진행한 학습체제로 가장 적절한 것은? (07 중등)

> 학생들은 학급 홈페이지에 교사가 게시한 학습내용을 수업시간 전에 스스로 학습하였다. 교실 수업시간에는 교사의 안내에 따라 그 학습내용을 토대로 토론을 진행하였다. 수업이 끝난 후에는 교사가 제시한 토의 주제에 대하여 홈페이지 게시판에 의견을 제시하였다.

① 블렌디드 학습(blended learning)
② 온라인 프로젝트 학습(online-project learning)
③ 비디오 회의 활용 학습(video conference learning)
④ 온라인 시뮬레이션 학습(online-simulated learning)

143 원격교육에 대한 설명으로 옳지 않은 것은? (19 7급)

① 다양한 기술적 매체들에 의존하여 교수자와 학습자 간의 상호작용을 지원한다.

② 다수를 대상으로 하면서도 사전에 계획, 준비, 조직된 교재로 개별학습이 이루어진다.

③ 전통적인 면대면 교육에 비해 학습자들이 자기주도적으로 학습에 몰입하게 되므로 중도탈락률이 상대적으로 낮다.

④ 다양한 교육프로그램에 접근할 수 있는 가능성을 높여 교육대상의 범위를 확대하였다.

144 〈보기〉에서 웹 기반 원격교육에 대한 설명으로 바른 것만을 골라 묶은 것은? (05 초등)

> 가. 쌍방향 통신을 활용한다.
> 나. 면대면 수업을 위주로 한다.
> 다. 강좌를 선택할 수 있는 폭이 넓다.
> 라. 평생학습 사회를 구현하는 데 기여한다.
> 마. 공간을 초월하기는 쉽지만, 시간을 초월하기는 어렵다.

① 가, 나, 라   ② 가, 다, 라
③ 나, 다, 마   ④ 다, 라, 마

A	S	S	U	R	E
• (Analyze Learners) 학습자 분석	• (State Objectives) 목표 진술	• (Select Methods, Media and Materials) 방법, 매체 및 자료 선정	• (Utilize Media and Materials) 매체와 자료 활용	• (Require Learner Participation) 학습자 참여 유도	• (Evaluate and Revise) 평가와 수정

Keyword

1. ASSURE 모형 단계

1) A는 학습자분석

학습자분석단계에서는 학습자의 나이와 사전지식, 태도, 학습양식 등 교육프로그램을 이수하는 참가자로서의 학습자의 특성을 분석하게 된다.

2) S는 목표진술

3) S는 교육방법, 미디어, 교수자료 선택

미디어, 교수자료 선택 단계에서는 주어진 과제를 적절히 수행하는 데 효과적인 방법, 미디어, 자료를 선택하거나 수정 보완하거나 새로 개발

4) U는 미디어와 교수자료 활용

① 수업자료가 적절한가를, 학습자와 학습목표에 적절한가를 사전에 검토한다.
② 자료 준비하기 단계는 수업에 활용할 매체와 자료를 준비하고 어떤 순서로 활용할 것인가를 정하고 리허설을 해본다.
③ 교수매체를 이용할 교실의 주변 환경을 점검한다.
④ 학습자에게 학습 준비를 위해 학습내용과 교수매체에 관한 정보를 제공한다.
⑤ 학습경험을 제공하는 단계, 즉 교수 자료를 제시하는 단계

5) R은 학습자 참여요구

학습자 참여요구 단계에서는 학습자들이 적극적으로 수업에 참여하도록 다양한 교수기법을 활용하고, 피드백을 제공하게 된다.

6) E는 평가와 수정

평가와 수정 단계는 학습자의 학습목표달성 정도를 평가하고 교육방법과 교육프로그램을 수정함으로써 개선을 도모하기 위한 단계이다.

---

145 하이니히(Heinich) 등의 ASSURE 모형에 따른 교수매체 선정 및 활용 절차이다. ⊙~ⓒ에 들어갈 절차로 옳은 것은? (16 7급)

> (⊙) - (ⓛ) - 매체와 자료의 선정 - 매체와 자료의 활용 - (ⓒ) - 평가와 수정

	⊙	ⓛ	ⓒ
①	학습자 분석	학습자 참여유도	목표진술
②	목표진술	학습자 분석	학습자 참여유도
③	학습자 분석	목표진술	학습자 참여유도
④	목표진술	학습자 참여유도	학습자 분석

146 ASSURE모형을 활용하여 교수매체를 사용하고자 할 때, 다음에 제시된 교사의 활동 단계는? (04 중등)

> • 수업자료가 학습자와 학습목표에 적절한가를 사전에 검토한다.
> • 교수매체를 이용할 교실의 주변 환경을 점검한다.
> • 학습자에게 학습 준비를 위해 학습내용과 교수매체에 관한 정보를 제공한다.

① 목표 진술
② 학습자 분석
③ 평가와 수정
④ 매체와 자료의 활용

147 하이니히(R. Heinich)가 제안한 ASSURE 모형의 '매체와 자료 활용' 단계에서 교사가 수행하는 활동이 아닌 것은? (09 초등)

① 학습목표 달성을 위해 적절한 수업 방법, 매체 및 자료를 선정한다.
② 매체를 활용하여 수업을 진행함으로써 학생들에게 학습경험을 제공한다.
③ 수업자료의 내용을 미리 확인하여 그 자료를 충분히 효과적으로 활용할 수 있도록 한다.
④ 수업을 하려는 장소가 매체를 사용하기에 적절한지 점검하고 수업환경을 적절하게 준비한다.
⑤ 학생들에게 수업내용에 대한 개요를 소개하거나 학습목표를 알려줌으로써 수업에 대한 기대감을 갖게 한다.

1) 웹기반 교육

① 웹기반 교육은 월드와이드웹을 중심으로 교수·학습이 이루어지는 것, 즉 웹의 다양한 특성을 교육의 효과성과 효율성 증진에 활용하는 교육을 말한다.

② 웹기반 교육은 전통적인 교실수업과는 다르게 면대면 수업이 아니라 가상의 시·공간에서 수업이 이루어진다.

③ 웹기반 교육은 정보·통신기술이 컴퓨터와 결합된 웹이라는 디지털 상호작용 매체를 사용한다.

④ 웹기반 교육에서는 학습자의 자기주도적 학습능력이 요구된다.

⑤ 웹기반 교육에서 성공적인 학습이 이루어지기 위해서는 학습자의 학습동기가 절대적으로 필요하다.

2) 웹 2.0의 교육적 활용

① 웹기반 교육은 전통적인 '웹Web 1.0'의 특징인 정보의 생산, 관리, 배포를 정보제공자가 주도하였다.

② 그러나 기존의 웹과는 다른 중요한 변화를 나타내는 '웹Web 2.0'의 등장으로 학습자를 포함한 모든 사용자에게 정보를 공유하고 배포하는 적극적인 상호작용이 가능한 장이 마련되었다.

③ 웹 2.0 사용자는 누구나 정보를 생산하고, 관리하며, 배포하는 열린 공간과 사용자 참여를 핵심으로 하는 이용자가 정보를 소비하면서 동시에 정보를 생성하는 것이 가능하다.

3) 웹 3.0의 교육적 활용

① 웹 3.0은 현재까지 가장 진화된 지능형 맞춤형 웹을 개념화한 용어로 진화해 가는 웹 기술의 발전 단계를 표현하기 위한 용어이다.

② 웹 2.0 환경에서 위키피디아, 블로그, 트위터, 페이스북, 유튜브 등을 활용하여 이용자들이 정보를 생산 및 업데이트, 공유, 소비할 수 있었다.

③ 그러나 소비자이자 생산자인 이용자들에 의해 구축된 방대하고 파편화된 자료로부터 필요한 자료를 추출하여 의미 있는 지식으로 창출하기 어렵다는 문제가 발생하였다.

④ 지능화된 웹은 빅데이터와 클라우드 컴퓨팅 기술을 활용하여 이용자 개개인의 이용 패턴, 필요, 상황에 대한 정보를 분석하여 이용자에게 맞춤화된, 최적화된 정보를 제공할 수 있다.

⑤ 또한 웹 3.0 환경에서는 증강현실, 가상현실, 3D 등 현실감을 증가시킬 수 있는 인터페이스가 적용되고 있다.

⑥ 증강현실은 컴퓨터에 의해 생성된 가상의 정보를 실세계와 결합하기 때문에 주로 현실에서 충족할 수 없는 학습활동을 지원하는 것이며, 가상현실은 가상세계에 정보를 추가하여 현실세계와 유리된 환경을 구축하는 것이다.

Keyword

1) 테크놀로지 활용 수업을 위한 TPACK 모형

① 슐만(Shulman, 1986)은 교수자가 교과 내용에 대한 지식을 많이 알고 있다고 해서 학습자를 잘 가르치는 것은 아니라는 점을 지적하면서 교수지식(pedagogical knowledge)과 내용지식(content knowledge)을 통합한 교수내용지식(pedagogical content knowledge: PCK)을 제안하였다.

② 그리고 미시라와 콜러(Mishra & Koehler, 2006)는 PCK의 아이디어를 발전시켜서 테크놀로지 활용 수업을 위해 TPACK 모형을 제안하였다.

Keyword

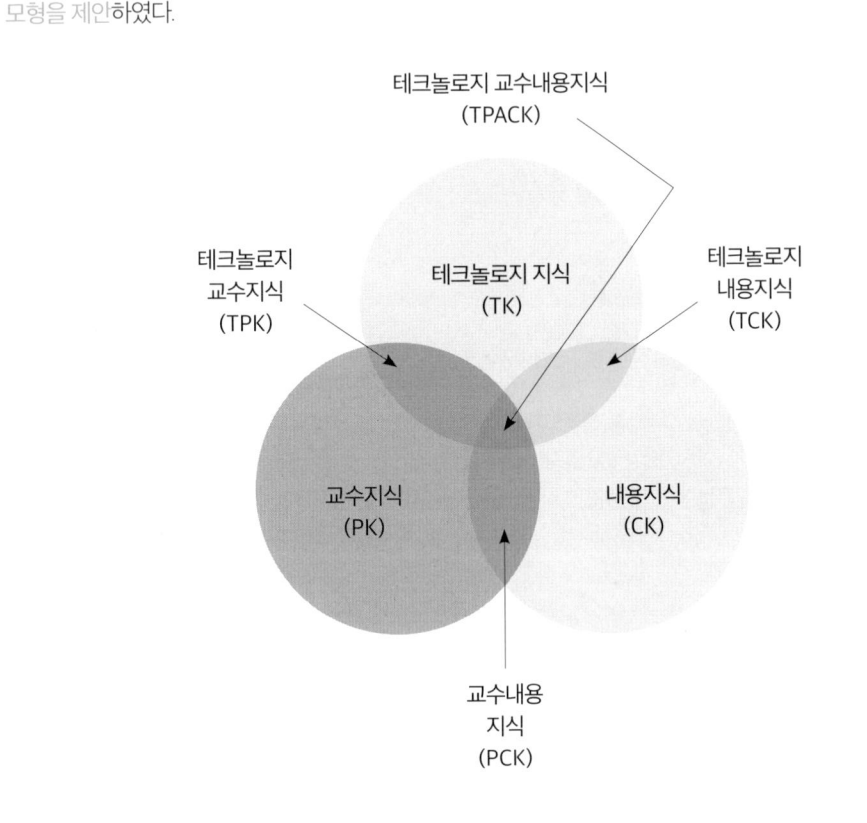

148 다음 설명에 해당하는 것은? (24 국)

- 슐만(Shulman)의 교수내용지식에 테크놀로지 지식을 추가한 개념이다.
- 교수지식, 내용지식, 테크놀로지 지식 간의 상호작용을 이해하고 이를 바탕으로 수업환경에 적합한 테크놀로지를 통합하는 지식을 의미한다.

① ASSURE ② STAD
③ TPACK ④ WHERETO

IV 교육평가

측정관	평가관	총평관
인간행동의 안정성	인간행동의 불안전성	개인과 환경의 상호작용에 관심
불변성	변화성	양적, 물적으로 다양한 형태의 정보 수집
환경 변화 무시	환경 변화 중시	
가치중립적	가치지향적	
객관도, 신뢰도 중시	내용타당도 중시	
표준화 검사		

Keyword

1) 선발적 교육관: 측정관

상당히 오랫동안 전 세계적으로 선발적 교육관을 지니고 있는 사람들에 의하여 학교교육이 이루어졌다. 선발적 교육관은 학교에서 달성하고자 하는 교육목표에 모든 학습자들이 도달하는 것이 아니라 다수 중 일부만이 도달할 수 있다는 신념을 가진 교육관이다. 선발적 교육관의 소유자는 학교수업에서 상위 1/3 학생들만이 수업내용을 잘 이해하며 따라올 수 있고, 중간 수준의 1/3 학생들은 열심히 가르치면 그럭저럭 따라올 것이며, 나머지 하위 1/3에 해당하는 학생들은 아무리 열심히 가르치고 공부해도 제대로 따라올 수 없다고 믿는다. (삼분기대)

2) 발달적 교육관: 평가관

학교교육의 주목적이 개별 학습자의 잠재가능성을 최대한으로 개발시키는 데 있다고 보는 관점이다. 학교의 중심과제는 각 학생이 사회에 진출하여 잘 적응해 나갈 수 있도록 각자 가지고 있는 잠재능력을 개발하고 다양한 특성을 길러주는 것으로 본다.

3) 인본주의적 교육관: 총평관

교육이 인간의 자아실현에 기여하는 것이므로 학습자의 자율적이고 적극적인 학습의 참여를 촉구하는 방향으로 교육이 이루어질 때 교육목표에 도달할 수 있을 것이라는 신념을 가지고 있ek.

	선발적 교육관	발달적 교육관	인본주의적 교육관
기본 가정	특정 능력이 있는 학습자만이 교육받을 수 있다	누구나 교육을 받을 능력을 가지고 있다	누구나 교육을 받을 능력을 가지고 있다
교육에 대한 책임	학습자	교사	학습자 및 교사
강조되는 평가 대상	학습자의 개별 특성	교육방법	전인적 특성
관련된 평가 유형	규준참조평가(상대평가)	준거참조평가(절대평가)	준거참조평가, 자기참조평가 (절대평가/평가무용론)

1) 규준참조평가(norm-referenced evaluation): 상대평가

① 규준참조평가란 개인이 얻은 점수니 측정치를 비교 집단의 규준(norm)에 비추어 상대적인 서열에 의하여 판단하는 평가를 말한다.
② 규준이란 원점수의 상대적인 위치를 설명하여 주기 위해 쓰이는 자로서 모집단을 대표하는 표본에서 얻은 점수를 기초로 하여 만들어진다.
③ 무엇을 얼마만큼 알고 있는가에 관심이 있는 것이 아니라 학생의 상대적 서열에 관심을 두게 된다. (선발적 교육관 강조)

2) 규준참조평가의 특징과 그에 따른 장점

첫째, 검사 점수의 정규분포를 기대한다. 평균과 표준편차 등을 활용하여 상대적인 비교가 가능한 분포로 변환함으로써 객관적으로 특정 학습자의 성취수준을 평가하기 때문에 객관적이고 엄밀한 개인차 변별이 가능하다.

둘째, 검사의 신뢰도를 강조한다. 객관적인 검사 제작 기술을 통해 교사의 자의적인 판단이 개입할 여지를 줄여 주는 장점이 있다.

셋째, 규준참조평가는 선발적 교육관에 바탕을 두고 있다. 따라서 개인차를 극복해야 할 대상이 아니라, 오히려 극대화하려고 하거나 당연한 것으로 받아들인다.

3) 규준참조평가가 가진 특징과 단점

첫째, 규준참조평가는 정규분포를 기대하기 때문에 개인 간의 차이를 당연시하고, 학습한 내용을 숙달한 학습자라도 전체 집단의 점수분포에 따라 열등한 것으로 판단될 수 있다. 이처럼 학습의 성패가 자신이 아닌 동료들에 의해 결정

둘째, 검사의 신뢰도를 강조하기 때문에 학습자가 '무엇'을 알게 되었고, '얼마나' 수행할 수 있게 되었는지에 관한 타당도 문제를 간과하기 쉽다. 바람직한 교육적 가치 또는 참다운 의미의 학력평가가 무엇인지에 관한 교사의 판단보다는 어떻게 하면 객관적인 평가가 되게 할 것인가에 대한 고민을 우선하게 한다.

셋째, 규준참조평가는 선발적 교육관에 바탕을 두고 있기 때문에 교육활동을 시작할 때 의도했던 목표의 달성 여부와 상관없이 상대적인 성취도만을 평가하여 어떻게든 승자와 패자를 가려낸다는 단점을 갖는다. 그렇기 때문에 규준참조평가는 교실 안의 동료들 간의 협동심보다는 경쟁심을 유발하게 된다. 학습자는 스스로의 목표 달성을 지향하는 내재적 동기보다는 상대적 서열, 즉 외재적 동기를 추구하는 사람으로 간주된다. 평가의 결과가 다음 교수-학습 활동의 기초 자료가 되어 교육적 개선에 기여하기보다는 과다한 경쟁심리를 유발하거나 인성교육을 저해할 수도 있다.

Keyword

149 규준참조평가(norm-referenced evaluation)에 관한 진술로 가장 거리가 먼 것은? (06 중등)

① 규준이란 교과에서 설정한 학습목표이다.
② 학생 상호간의 점수 경쟁을 조장할 수 있다.
③ 개인의 집단 내 상대적 위치에 대한 정보 파악이 용이하다.
④ '수 · 우 · 미 · 양 · 가'의 평어를 부여할 때는 미리 정해 놓은 각 등급의 배당비율을 따른다.

150 규준지향평가와 준거지향평가를 비교한 것으로 적절한 것은? (04 중등)

	규준지향평가	준거지향평가
①	절대평가	상대평가
②	타당도 강조	변별도 강조
③	선발적 교육관	발달적 교육관
④	부적편포 기대	정상분포 기대

1) 주요 개념

① 분산 - 편차 제곱의 평균 (편차 = 변량 - 평균)
　　　　변수의 흩어진 정도
② 표준편차 - 분산의 제곱 근
③ 정상분포 - 종을 엎어 놓은 것과 같은 모양을 하고 있으며, 하나의 꼭지를 갖는 좌우 대칭적인 연속적 변인의 분포
　　특징 - 평균을 중심으로 좌우대칭, 분포 곡선은 X축과 만나지 않는다.
④ 원점수 - 검사나 시험을 치를 때 채점되어 나오는 점수
⑤ 백분위 - 규준집단에서 어떤 학생의 점수보다 낮은 점수를 받은 학생이 전체 학생 중 몇 %가 있느냐를 나타내주는
　　표시방법(학생의 백분위가 75라면, 그 학생보다 낮은 점수를 받은 학생이 전체 집단 내에 75%라는 것을 뜻한다.)

2) 표준점수

① Z점수
　　표준 정상 분포에서 $z = (x - mean)/standard\ deviation$ 으로 구해진다. 한 표집 자료에서 모든 z점수의 평균은 0
　　이고, 표준편차는 1이다.
② T점수 = 10Z + 50
③ 스테나인
　　평균을 5 표준편차를 2로 한 점수이다. 점수를 9등급으로 나타내어서 일정한 구간을 하나의 점수로 정하는 특징이
　　있다. 스테나인 범주별 비율은 1(4%) 2(7%) 3(12%) 4(17%) 5(20%) 6(17%) 7(12%) 8(7%) 9(4%)이다.

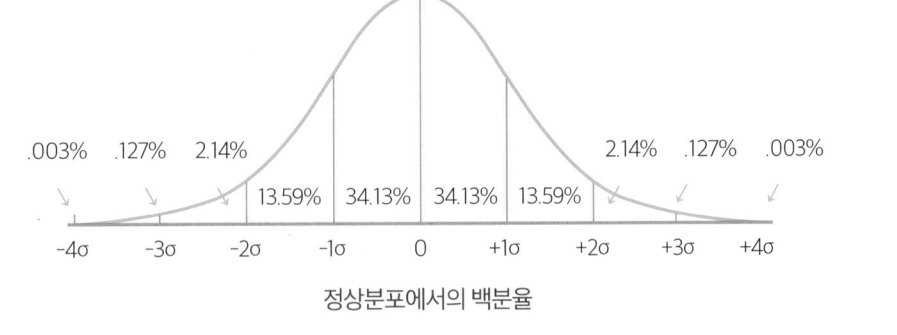

정상분포에서의 백분율

Keyword

151 아래 그래프는 평준화 지역에 위치한 일반계 고등학교에서 실시한 세 과목(A, B, C)의 기말 고사 성적 분포이다. 쉬운 문항과 어려운 문항이 적절히 포함되고, 중간 수준 난이도 문항이 다수인 시험 점수 분포(가)와 표준편차가 가장 큰 분포(나)를 나타내는 것은? (03 중등)

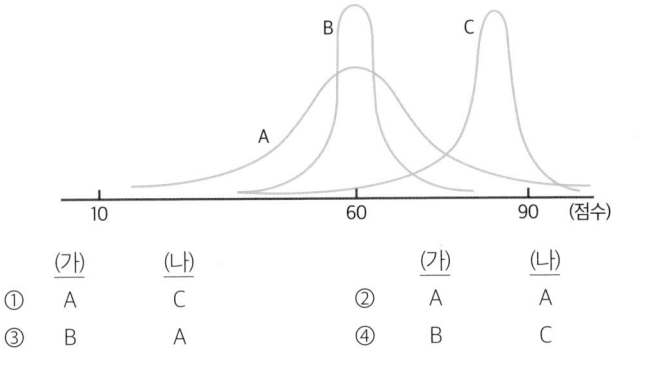

	(가)	(나)			(가)	(나)
①	A	C		②	A	A
③	B	A		④	B	C

152 평균이 50점이고 표준편차가 10점인 정규분포를 이루고 있는 수학시험에서 60점을 얻은 A학생에 대한 설명으로 옳은 것은? (07 중등)

① z-점수는 1.00이다.
② T-점수는 40이다.
③ 60백분위에 해당한다.
④ A학생보다 높은 점수를 얻은 학생은 10%이다.

153 A 교사는 국어과 2학기 중간고사에서 60점을 받은 어떤 학생의 상대적 위치가 어느 정도인지 알고 싶어 한다. 국어과 성적은 정규분포를 따르고 평균 60, 표준편차 10이라고 할 때, 이 학생의 상대적 위치를 나타내는 것으로 틀린 것은? (05 중등)

① T 는 50
② Z는 1
③ 백분위는 50
④ 구간점수(stanine)는 5

1) 준거참조평가(criterion-referenced evaluation): 절대 평가

① 준거참조평가는 학습자 또는 개인이 무엇을 얼마만큼 알고 있는지를 준거에 비추어 재는 평가를 말한다.

② 학습목표를 설정해 놓고 이 목표에 비추어 학습자 개개인의 학업성취 정도를 따지려는 것이다.

③ 준거참조평가에서는 무엇을 평가할 것인가에 대한 영역을 구체적으로 명시하여야 하고, 이를 근거로 준거를 설정하는 것이 매우 중요하다. : 성취기준

규준(상대평가)	준거(절대평가)
선발관, 신뢰도 강조, 정상 분포 곡선	발달관, 타당도 강조, 부적 편포 곡선

2) 준거참조평가의 특징과 장점

첫째, 검사 점수의 부적 편포를 기대한다. 개별 학습자가 무엇을 알고 무엇을 모르는지에 초점을 맞추고, 어떻게 가르쳐야 하는지에 관심을 기울이게 한다. 학습 실패의 원인을 학습자보다는 교수자와 교육환경에서 먼저 찾게 되고, 교육목표, 교육과정, 교수방법 등에 대한 개선 방향을 시사 받는 데 역점을 두게 된다.

둘째, 검사의 타당도를 더 중시한다. 당초에 설정한 목표를 달성했는지 여부와 달성 정도를 정확하게 파악할 수 있는가가 더 중요한 과제가 된다.

셋째, 준거참조평가는 발달적 교육관에 바탕을 두고 있다. 개개인에게 적합한 교수-학습의 기회를 제공하면 모든 학습자가 주어진 학습목표에 도달할 수 있다는 관점이다. 따라서 개인차를 극대화하거나 개인 간 차이를 변별하기보다는 줄이려고 노력한다. 모두가 '성공'할 수 있기 때문에, 학습자들의 협동학습과 내재적 동기 유발에 유리하다.

3) 준거참조평가가 가진 특징과 단점

첫째, 준거참조평가는 부적 편포를 기대하기 때문에 개인 간의 차이를 변별하기가 용이하지 않다. 학습자 개인 간의 상대적 우열을 비교하기 어렵다.

둘째, 준거를 설정하는 기준이 문제가 될 수 있다. 교수목표를 누가 정하느냐 혹은 어떻게 정하느냐에 고도의 전문성이 요구되어, 그러한 전문성을 갖추지 않은 경우 점수 해석에 자의성이 높다는 비판을 받기 쉽다.

셋째, 준거참조평가에 따른 검사 점수는 통계적으로 활용하는 데 한계가 있다.

Keyword

154 〈보기〉의 대화에서 학부모가 원하는 정보를 제공하는 데 가장 적합한 평가 유형은? (06 초등)

> 학부모: 우리 주현이 수학시험 성적은 어떤가요?
> 최 교사: 반에서 10등쯤 합니다.
> 학부모: 그런가요? 그런데 저는 등수보다 우리 아이가 무엇을 할 줄 아는지를 더 알고 싶어요. 두 자리 수 뺄셈을 제대로 할 줄 아는지, 그런 것들을 좀 알고 싶어요.

① 규준지향평가(norm-referenced evaluation)
② 준거지향평가(criterion-referenced evaluation)
③ 능력지향평가(ability-referenced evaluation)
④ 성장지향평가(growth-referenced evaluation)

155 준거지향평가(criterion-referenced evaluation)로 학생들의 학업 성취도를 평가하고자 할 때 평가 기준의 근거가 되는 것은? (02 초등)

① 학습 동기　　　　　　② 성취 목표
③ 학생의 요구　　　　　④ 전체 집단의 성적 분포

156 규준지향평가와 준거지향평가를 비교할 때 옳지 않은 것은? (16 7급)

구분		규준지향평가	준거지향평가
①	목적	상대적 서열 평가	목표 달성도 평가
②	검사문항	적절한 난이도와 변별도 강조	난이도와 변별도가 강조되지 않음
③	득점 분포	정규분포를 기대함	부적 편포를 기대함
④	신뢰도 및 타당도	타당도 강조	신뢰도 강조

1) 성장(Growth)참조평가 - 얼마나 성장하였는가

① 학습자의 수준이 교육과정을 통하여 얼마나 성장하였는지를 과거의 수준과 비교하여 판단하는 평가방법이다.

② 최종 성취수준에 대한 관심보다는 초기 능력수준에 비추어 얼마만큼 능력의 향상을 보였느냐를 강조한다.

③ 사전 능력수준과 관찰 시점에 측정된 능력수준 간의 차이에 관심을 둔다.

④ 성장참조평가 결과가 타당하기 위한 세 가지 조건(Oosterhof)

첫째, 사전에 측정한 점수를 신뢰할 수 있어야 한다.

둘째, 현재 측정한 측정치를 신뢰할 수 있어야 한다.

셋째, 사전 측정치와 현재의 측정치의 상관이 낮아야 한다.

사전에 측정한 측정치나 현재 측정한 측정치가 신뢰롭지 못하다면 능력의 변화를 분석할 수 없음은 당연하다.

⑤ 장점 - 교수적 기능이나 상담적 기능이 있는 개별화 수업에 적합함.

⑥ 단점 - 자격증 취득이나 행정적 기능이 강조되는 검사에서 평가결과에 공정성 문제 제기

2) 능력(Ability)참조평가 - 얼마나 최선을 다했나

① 학습자가 지니고 있는 능력에 비추어서 얼마나 최선을 다하였는지에 초점을 두는 평가방법이다.

② Oosterhof에 의하면 개인의 능력 정도와 수행결과를 비교하는 평가에서 다음 두 가지 질문이 제기될 수 있다.

한 가지 질문은 '이것이 그 학생이 지니고 있는 능력을 최대한 발휘한 것인가?' 하는 것이며

또 다른 질문은 '충분한 시간이 부여되었을 때 더 잘할 수 있었는가?' 하는 것이다

③ 장점 - 학업성취도 검사에서 사용할 수 있는 방법

④ 단점 - 학습자가 가지고 있는 능력에 대한 정확한 정보가 없을 경우에 평가 어려움, 또한 능력이 낮은 학습자가 최선을 다하고 능력이 높은 학습자가 최선을 다하지 않았을 때 낮은 학습자가 높은 점수를 받음

	규준참조평가	준거참조평가	능력참조평가	성장참조평가
강조점	상대적인 서열	학습자 성취	최대 능력 발휘	능력의 성장
교육신념	개인차 인정	완전학습	개별학습	개별학습
비교대상	개인과 개인	준거와 수행	수행정도와 소유능력	성장, 변화의 정도
개인차	극대화	극대화하지 않으려고 함	고려하지 않음	고려하지 않음
이용도	선별, 분류, 배치 행정적 기능 강조	교수적 기능 강조 자격 부여	교수적 기능 강조 최대 능력발휘	교수적 기능 강조 학습 향상

Keyword

157 능력참조평가(ability-referenced evaluation)와 성장참조평가(growth-referenced evaluation)의 특징을 〈보기〉의 내용과 옳게 짝지은 것은? (09 초등)

> ㄱ. 학생들의 상대적 서열에 초점을 맞춰 능력의 변별에 관심을 둔 평가이다.
> ㄴ. 학생들의 성장단계를 고려해 학년별 성취목표의 달성여부에 관심을 둔 평가이다.
> ㄷ. 학생들이 자신의 능력수준에서 그 능력을 얼마나 발휘하느냐에 관심을 둔 평가이다.
> ㄹ. 교수·학습 과정을 통한 변화에 관심을 두며 초기 능력 수준에 비해 얼마만큼 능력의 향상을 모였느냐를 강조하는 평가이다.

	능력참조평가	성장참조평가
①	ㄱ	ㄴ
②	ㄱ	ㄹ
③	ㄷ	ㄴ
④	ㄷ	ㄹ
⑤	ㄹ	ㄴ

158 평가기준에 따른 평가유형에 대한 설명으로 옳지 않은 것은? (17 7급)

① 규준참조(norm-referenced) 평가 - 서열화가 쉽고 경쟁 유발에 유리하다.

② 능력참조(ability-referenced) 평가 - 모든 학생들에게 동일한 평가기준의 적용이 가능하다.

③ 성장참조(growth-referenced) 평가 - 사전능력수준과 현재능력 수준 간의 차이를 참조하여 평가한다.

④ 준거참조(criterion-referenced) 평가 - 학습결과에 대한 직접적인 정보제공을 통해 교수·학습을 개선할 수 있다.

1) 진단평가(diagnostic evaluation): 수업 전

① 학습자에게 교수학습을 시작하기 전에 학습자의 특성을 파악
② 학습이 시작되기 전에 학생이 소유하고 있는 특성을 체계적으로 관찰, 측정하여 진단하는 평가로서 사전 학습 정도, 적성, 흥미, 동기, 지능 등을 분석한다.
③ 진단평가에서 평가되는 요인은 크게 지적 출발행동과 정의적 출발행동으로 나뉜다.
④ 지적 출발행동이란 학습에 영향을 주는 가정이나 학교에서 형성된 지적인 능력으로 학습을 위한 기본 기능을 말한다.
⑤ 정의적 행동 특성으로서 학습자의 학습동기, 흥미, 성격, 태도 등을 파악하는 것이 필요하다. 더불어 학습 외적 요인으로 가정환경, 친구관계 등도 고려해야 한다.

2) 목적

① 평가의 궁극적 목적은 학습을 극대화하려는 것이다.
② 진단을 제대로 하지 못하면 교육내용이나 교수법을 적절히 수립하지 못하여 교수학습의 행위가 제대로 이루어지지 않을뿐더러 교육목표에 도달하기도 어렵다.
③ 진단평가의 중요한 목적은 적절한 수업전략을 투입하기 위함이다.
④ 교수학습이 진행되기 전에 학생이 소유하고 있는 지적 능력뿐만 아니라 흥미, 적성, 태도, 가정환경 등을 파악할 때 학습자에게 보다 적절한 교수법을 투입할 수 있다.

3) 진단평가에서는 학습자가 지닌 특성 분석

① 인지능력 – 선수학습능력, 지능, 교육목표달성여부, 문장이해능력, 언어능력
② 정서능력 – 동기, 흥미, 태도
③ 신체능력 – 건강, 질병
④ 환경능력 – 친구관계, 문화실조(2014), 경제적 빈곤

4) 기능

① 선행학습 정도의 확인
② 학습자의 출발점 행동(entry behavior)을 진단하는 기능을 가지고 있다.
③ 교수설계의 사전 전략
④ 수업을 시작하기 전에 실시하는 진단평가는 정치(placement)의 기능을 갖는다.

Keyword

159 김교사는 학생들에게 약수와 배수에 대해 가르치려고 한다. 가르치기에 앞서 김교사는 덧셈, 뺄셈, 곱셈, 나눗셈 등에 관한 문제로 구성된 간단한 시험을 실시하였다. 시험을 실시한 이유로 가장 적절한 것은? (02 초등)

① 시험 보는 기술을 훈련시키기 위해서이다.
② 수학에 관한 흥미를 유발하기 위해서이다.
③ 학생들의 선수 학습 정도를 파악해 보기 위해서이다.
④ 약수와 배수에 관한 그릇된 개념을 교정하기 위해서이다.

160 〈보기〉의 교사 행동을 진단평가 형성평가 총합평가와 가장 적절하게 짝지은 것은? (06 중등)

> ㄱ. 수업 중에 학습 오류 수정을 위하여 쪽지시험을 실시하였다.
> ㄴ. 학생의 기초학습능력과 수업계획을 수립하기 위하여 선수학습 정도를 파악하였다.
> ㄷ. 기말고사를 실시하여 성적을 부여하였다.

	진단평가	형성평가	총합평가
①	ㄱ	ㄴ	ㄷ
②	ㄴ	ㄱ	ㄷ
③	ㄴ	ㄷ	ㄱ
④	ㄷ	ㄴ	ㄱ

1) 형성평가(formative evaluation): 수업 중

① 형성평가는 수업이 진행되고 있는 도중에 실시하는 평가로서, 현재 진행 중인 학습내용에 대한 학습자의 이해 정도나 기능 수준을 확인하고 이를 극대화하기 위해 실시하는 평가다.

② 학습의 개별화를 추구한다. 형성평가를 실시하면 학생 개개인의 결과가 다르게 나타나므로 개인별 학습능력에 맞추어 개인학습을 진행하도록 도와줄 수 있다.

③ 피드백을 하여야 한다. 형성평가 결과를 학생에게 알려 주어 자신의 장점과 약점파악

④ 학습곤란을 진단하여야 한다. 학습을 하는데 어느 부분은 쉽고 어려운지를 파악하여야 하며, 특정 학습단위에서 실패율이 높다면 그 실패의 원인이 어디에 있는가를 알 수 있어야 한다.

⑤ 학습동기를 유발하여야 한다. 형성평가의 결과로 칭찬을 하면 그것이 강화제 역할을 하여 학습동기를 유발할 수 있다.

⑥ 학습지도방법의 개선 및 수업의 질 관리

2) 제작 유의사항

① 형성평가는 준거참조평가(절대평가)를 지향

② 평가의 주체 혹은 검사도구 제작은 교사중심

③ 학습의 곤란 정도를 파악하여 적절한 난이도(최저성취기준과 유사한 난이도)

④ 형성평가 결과를 기초로 교사는 학생의 수준에 따라 교수방법에 변화를 주거나 수정하여 개선함으로써 학생의 학습 향상을 도울 수 있어야 한다.

3) 절차

① 학습단위를 세분화하여 학습과제를 분석한다.

② 학습단위별로 교육목표를 진술하고 목표진술은 최저성취수준을 설정하여 제시한다.

③ 학습단위의 교육을 세분화하고 행위동사로 표현한다.

④ 평가도구를 제작한다. (이원분류표작성)

161 형성평가에 대한 설명으로 옳지 않은 것은? (20 7급)

① 형성평가의 목적은 교수 - 학습 개선에 있다.

② 형성평가는 수업 전 학습곤란 정도를 파악한다.

③ 형성평가는 학습자의 학습을 강화하는 기능을 한다.

④ 형성평가는 학습의 진행 속도를 조절하는 기능을 한다.

162 형성평가의 특징에 대한 설명 중 옳은 것으로만 묶인 것은? (11 7급)

> ㄱ. 학습이 시작되기 전에 학생의 특성을 체계적으로 관찰, 측정하는 평가이다.
>
> ㄴ. 절대평가를 지향하며 검사도구의 제작과 평가는 교사중심으로 이루어진다.
>
> ㄷ. 학생의 성취 정도를 판단하여 정치(定置)한다.
>
> ㄹ. 준거참조평가와 규준참조평가를 혼용하여 사용한다.
>
> ㅁ. 수업과정에서 학생에게 피드백을 주고 수업방법을 개선하기 위한 평가이다.

① ㄱ, ㅁ   ② ㄱ, ㄹ   ③ ㄴ, ㅁ   ④ ㄷ, ㄹ

163 다음은 형성평가를 위해 선택형 문항을 작성할 때 고려해야 할 사항이다. 이 중 학생들의 학습곤란이나 학습결손을 파악하려는 교사의 의도가 가장 잘 반영된 것은? (07 중등)

① 답지가 서로 다른 차원의 내용을 포함하지 않도록 한다.

② 정답이 분명히 드러나지 않도록 오답지의 매력도를 높인다.

③ 추측에 의해 정답을 선택할 가능성이 높아지지 않도록 답지의 수를 늘린다.

④ 학생들이 자주 범할 수 있는 오류의 유형을 확인할 수 있도록 답지를 구성한다.

1) 총합평가(summative evaluation): 수업 끝

① Scriven(1967)은 교육과정이 끝난 다음에 교수학습에서 괄목할 만한 성장이 이루어졌는가를 규정하고 교육목표를 성취하였는가를 판정하는 평가를 총합평가(총괄평가)라 한다.

② 교수학습의 효과와 관련해서 학습이 끝난 다음에 교육목표의 달성 여부를 종합적으로 판정

2) 목적과 기능

① 성취수준의 도달 여부를 판정하여 서열 부여
② 자격증 부여의 역할
③ 집단 간 비교
④ 학생들에게 피드백
⑤ 프로그램 시행 여부 결정
⑥ 책무성 부여

Keyword

	진단평가	형성평가	총합평가
시기	수업 전 학기, 학년 초	수업 중	수업 완료 후 학기, 학년 종료시
목적	학습자 특성 파악 적절한 교수 투입	교수학습진행 적절성 교수-학습 개선	교육목표 달성 프로그램 책무성
평가 요소	인지, 정의, 심동적 환경적 요인	인지적 행동	인지, 정의, 심동적
문항 특성	선수학습정도와 학습장애의 원인을 밝혀줄 수 있는 문항	특정 단원 목표를 반영하는 준거참조적 인지영역 문항	전반적 교육목표를 반영 적절한 변별도와 난이도
평가 방법	비형식, 형식적 평가	수시평가 비형식, 형식적 평가	형식적 평가
평가 주체	교사, 교육전문가	교사	교육전문가 평가전문가
평가 기준	준거참조	준거참조	규준 혹은 준거참고
평가 도구	교사제작 진단검사 표준화 검사 관찰 및 체크리스트	교사제작 형성검사 비형식적 평가도구	교사제작 총합검사 표준화 학력검사 외부 검사
주요 기능	선수학습정도 확인 출발점 행동진단 교수설계의 사전 전략 정치(placement)	학습지도방법 개선 학습곤란 교정 학습행동 강화 학습의 개별화를 추구	학업성적 평정 기능 및 자격 인정 후속과정의 성공예측 집단간 성적 비교

164 교수 학습 과정에서 활용되는 평가에 대한 설명으로 옳지 않은 것은?

(04 초등)

① 진단평가는 학생의 출발점 행동을 알아보기 위해 실시된다.
② 형성평가는 교수 학습 활동을 개선하기 위한 정보를 제공해 준다.
③ 형성평가에서는 교사가 제작한 검사보다는 표준화검사가 사용된다.
④ 총괄평가는 학습 목표 달성 여부를 판정하여 성적을 산출하는 데 활용된다.

165 다음 내용에 가장 부합하는 교육평가 유형은? (17 지)

> • 교과내용 및 평가 전문가가 제작한 검사를 주로 사용한다.
> • 서열화, 자격증 부여, 프로그램 시행 여부 결정의 목적을 위해 시행한다.
> • 교수·학습이 완료된 시점에서 교육목표의 달성 정도를 종합적으로 판정한다.

① 총괄평가(summative evaluation)
② 형성평가(formative evaluation)
③ 능력참조평가(ability referenced evaluation)
④ 성장참조평가(growth-referenced evaluation)

1) 수행평가

① 수행평가의 유형으로는 지필식, 구술식, 실습식, 포트폴리오 평가 방법 등이 있다.

② 기존의 심동적 영역의 행동 특성을 평가하기 위하여 사용되던 평가 방법을 인지적 영역의 행동 특성의 평가에 도입

③ 아는 것과 수행 능력이 일치하지 않을 수 있다는 자각에서 대두되었다.

④ 결과에만 초점을 두는 것이 아니라 수행의 과정과 결과를 다양한 방법에 의해 종합적으로 평가하는 것이다.

⑤ 학생 개인의 활동뿐만 아니라 여러 사람이 수행한 공동 활동에 대해서도 평가한다.

⑥ 단편적 지식보다는 고차적 사고능력을 요구한다.

⑦ 단일의 정답은 존재하지 않으며 수행은 직접 관찰할 수 있는 성질의 것이어야 한다.

⑧ 수행평가의 개발 절차에는 일반적으로 평가목적의 진술, 수행의 상세화, 자료 수집 · 채점 · 기록 방법 결정, 수행평가 과제의 결정 등이 포함된다.

2) 평정자의 오류

① 관대성 오류 - 교사가 높은 점수를 주는 경향

② 엄격성 오류 - 교사들이 낮은 점수를 주며 학생들의 수행을 과소평가

③ 집중(중앙)경향 오류 - 학생들을 중간으로 평가하는 것

④ 후광 효과 - 학생에 대한 교사의 일반적인 인상이 개인의 특성이나 수행에 주어지는 점수에 영향을 미칠 때 발생한다.

⑤ 논리적 오류 - 전혀 다른 두 가지 행동 특성을 비슷한 것으로 생각해서 평정하는 경향
(예 교사의 말을 잘 듣는 학생을 도덕적인 학생이라 생각한다.)

⑥ 대비의 오류 - 평가자 자신의 특성과 비교하여 평가하는 오류

3) 수행평가 과제 선정 시 고려사항

① 수업목표와의 일치성: 수업목표 달성 여부를 판단하기 위해 수행평가가 이루어진다는 측면에서 과제의 선정은 수업목표와의 관련성 속에서 이루어져야 한다.

② 과제의 현실성(맥락성): 가능한 한 학생들이 접하는 실제 상황을 중심으로 과제가 구성되는 것이 필요

③ 과제의 다차원성: 가능한 한 하나의 기능을 중심으로 과제를 구성하기보다 여러 기능이 동시에 요구되도록 과제를 구성하는 것이 바람직하다.

④ 과제의 주제 통합성: 어느 한 주제에 국한된 과제를 제시하기보다 다수의 내용영역에 걸친 과제를 선정하여 통합적 접근이 요구되도록 과제를 구성하는 것이 바람직하다.

Keyword

166 〈보기〉는 평정법(rating scale method)에 의해서 학생의 수행을 평가할 때, 평정자에 의해 발생할 수 있는 오류의 유형을 설명한 것이다. 옳은 것을 모두 고르면? (08 중등)

> ㄱ. 논리적 오류(logical error)는 전혀 다른 두 가지 행동 특성을 비슷한 것으로 생각해서 평정하는 경향을 말한다.
> ㄴ. 후광 효과(halo effect)는 평정대상에 대해 가지고 있는 특정 인상을 토대로 또 다른 특성을 좋게 또는 나쁘게 평정하는 경향을 말한다.
> ㄷ. 집중경향의 오류(error of central tendency)는 아주 높은 점수나 낮은 점수는 피하고 평정이 중간 부분에 지나치게 자주 모이는 경향을 말한다.

① ㄱ, ㄴ　　② ㄱ, ㄷ　　③ ㄴ, ㄷ　　④ ㄱ, ㄴ, ㄷ

167 다음 대화에서 김 교사가 범하고 있는 평정의 오류는?

> 박 교사: 이제 학생들의 실기평가 채점을 하도록 하지요. 오늘 학생들 중에서 제일 잘한 학생을 누구로 할까요?
> 이 교사: 철수가 제일 연기를 잘한 것 같아요. 동작의 섬세함이나 대사의 표현력에서 다른 학생들보다 더 뛰어나게 연기한 것 같아요.
> 김 교사: 그래요? 저는 철수가 평가장에 들어올 때부터 첫 느낌이 좋지 않았어요. 그래서 연기력도 별로인 것 같아 낮은 점수를 주었어요.

① 대비의 오류(contrast error)

② 관대성의 오류(leniency error)

③ 근접의 오류(approximate error)

④ 인상의 오류(error of halo effect)

⑤ 집중화 경향의 오류(error of central tendency)

선택형 문항에 의한 평가	수행평가
	Keyword

구조화   **비구조화**

진위형   선다형   배합형   괄호형   단답형   논술형   구술시험   수행평가   포트폴리오   참평가

인지	인지/정의/심동
앎	앎 + 행동
학습결과	학습진행/결과
고정형 평가	개방형 평가
이분적 평가(하나의 정답)	(다양한 답) 다분적 평가
타당도 - 내용타당도	타당도-내용타당도
구인타당도	준거타당도
준거타당도	
신뢰도 - 재검사신뢰도	신뢰도-채점자간신뢰도
동형검사신뢰도	-채점자내신뢰도
내적일관성신뢰도	(일반화가능도)
분석적 접근	총체적 접근
인위적 상황	실제적 상황
일회적 평가	지속적 평가
정적 평가	동적 평가
행정적 기능	교수적 기능

	전통적 방법	대안적 방법
학습관	학습결과에 관심	학습과정과 결과에 관심
학습자관	수동적 관점 분리된 지식과 기술을 평가	능동적 관점 통합된 지식과 기술을 평가 메타인지적 관점
평가형태	지필검사	수행평가, 참평가, 포트폴리오
평가실시	일회적 평가	지속적 평가
평가내용	단일 속성	다원적 속성(여러측면)
평가대상	개인평가 강조	집단평가 강조(협동)

168 수행평가의 특징과 관계가 가장 먼 것은? (03 중등)

① 높은 신뢰도   ② 높은 타당도
③ 과정(process)에 대한 평가   ④ 실제적인 상황에서의 평가

169 다음과 같은 자료는 어떤 방법을 사용하여 평가하는 것이 가장 적합한가? (02 중등)

일기장, 미술작품집,	연습장, 과제일지

① 논문형 검사   ② 포트폴리오법
③ 관찰법   ④ 면접법

170 〈보기〉에서 포트폴리오를 이용한 수행평가에 해당하는 설명을 골라 바르게 묶은 것은? (05 초등)

가. 과정보다는 결과 평가에 중점을 둔다. 나. 신뢰도는 높으나, 타당도는 낮은 경향이 있다. 다. 지적 능력은 물론 정의적 특성도 평가할 수 있다. 라. 전통적인 인식론보다는 구성주의 인식론에 바탕을 둔다.

① 가, 나   ② 가, 다
③ 나, 라   ④ 다, 라

1) 문항분석

① 변별도: 상위집단, 하위집단 변별하는 정도
  = 상위능력집단의 정답비율과 하위능력집단의 정답비율의 차이
   지수가 높을수록 변별도가 높다
② 난이도: 문항의 쉽고 어려운 정도를 나타내는 지수,
   난이도 지수 = 총 학생 수 중에 답을 맞힌 학생 수의 비율
③ 문항 추측도 - 추측을 해서 문항의 답을 맞힐 지수
④ 문항 교정난이도: 문항 난이도 - 문항 추측도
⑤ 오답지의 매력도 - 선다형 문항에서 피험자가 오답지를 선택할 확률
   선다형 문제의 질은 오답지의 매력도에 있다.

2) 장점

실제 자료에 대한 이론의 적용과 해석이 비교적 수월하다는 것이다.

3) 고전검사 이론에 의하여 문항을 분석할 때 일어나는 문제점

① 문항난이도 추정의 문제점은 그 문항에 응답한 피험자집단의 특성에 의하여 문항 특성이 달리 분석된다는 것이다. 즉, 어떤 문항에 응답한 피험자 집단의 능력이 높으면 쉬운 문항으로 분석되고, 피험자 집단의 능력이 낮으면 어려운 문항으로 분석된다.
② 피험자 능력추정은 검사의 난이도에 따라 피험자 능력추정이 변화된다는 문제점이 있다. 다시 말하면, 검사가 쉽게 제작되면 피험자 능력은 과대 추정되고, 검사가 어렵게 제작되면 피험자 능력이 과소 추정된다.

4) 고전검사이론의 단점

① 문항난이도, 문항변별도와 같은 문항의 고유한 특성이 피험자 집단의 특성에 의하여 변화된다.
② 피험자의 능력이 검사도구의 특성에 따라 달리 추정된다.
③ 피험자들의 능력을 비교할 때 총점에 근거하므로 정확성이 결여된다.
  이상의 문제점을 해결하기 위하여 문항반응이론이 등장하게 되었다.

Keyword

171 변별도에 대한 설명으로 옳은 것만을 모두 고른 것은? (16 국)

> ㄱ. 난이도가 어려울수록 변별도는 높아진다.
> ㄴ. 정답률이 50%인 문항의 변별도는 1이다.
> ㄷ. 모든 학생이 맞힌 문항의 변별도는 0이다.

① ㄴ ② ㄷ
③ ㄱ, ㄴ ④ ㄱ, ㄷ

172 다음 표는 학생의 문항별 정답 및 오답을 표시한 것이다. 총점에 따른 학생별 수준을 고려할 때, 문항1~문항4 중 문항변별도가 가장 높은 문항은? (단, 정답은 ○, 오답은 ✕로 표시한다) (16 7급)

	문항1	문항2	문항3	문항4	……	총점	수준
학생 A	○	✕	○	✕	……	99	상위 집단
학생 B	○	✕	○	✕	……	95	상위 집단
학생 C	✕	○	○	✕	……	20	하위집단
학생 D	✕	○	○	✕	……	25	하위집단
학생 E	○	✕	○	✕	……	90	상위 집단

① 문항 1 ② 문항 2
③ 문항 3 ④ 문항 4

173 문항난이도(곤란도)에 대한 설명 중 옳은 것은? (00 국)

① 높은 계수가 산출되면 어려운 문항을 의미한다.
② 각 문항에 대한 전체 피험자집단의 반응 중 오답자 비율로 산출된다.
③ 검사에 나타난 각 문항의 어렵고 쉬운 정도이다.
④ 문항배열순서를 정하는 데 사용되며 100%로 산출되는 것이 이상적이다.

1) 개요

① 고전검사이론이 관찰점수는 진점수와 오차점수에 의하여 합성되었음을 가정하고 총점에 의하여 문항을 분석하고 피험자 능력을 추정하는 검사이론이라면,

② 문항반응이론은 문항 하나하나에 근거하여 분석하는 이론이다.

③ 각 문항마다 고유한 문항특성곡선에 의하여 문항을 분석한다.

2) 장점

① 피험자 집단의 특성에 관계없이 문항마다 고유한 하나의 문항특성곡선을 그리게 된다. 이를 문항반응이론에서는 문항특성의 불변성 개념을 유지한다고 한다.

② 피험자의 능력을 추정할 때 쉬운 검사나 어려운 검사를 실시하여도 검사의 난이도에 관계없이 일관성 있게 피험자의 능력을 추정한다는 것이다. 이를 피험자의 능력의 불변성 개념이라 한다.

3) 문항분석

* 문항특성곡선에서의 문항난이도와 문항변별도 확인 방법

① 문항난이도: 문항의 답을 맞힐 확률이 .5에 대응되는 능력 수준의 값

② 문항변별도: 문항특성곡선상에 문항난이도를 표시한 점에서의 기울기

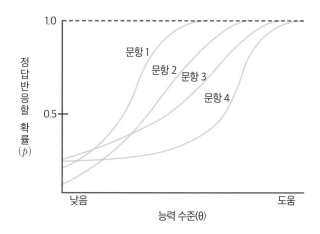

Keyword

174 다음 그래프는 문항반응이론의 '3-모수' 모형으로 추정한 문항 난이도, 변별도, 추측도를 바탕으로 그린 문항특성곡선이다. 네 문항의 특성에 대한 설명 중 옳은 것은? (07 중등)

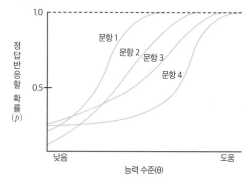

① 문항 1은 능력 수준이 중간 정도인 사람들을 변별하는 데에 적합하다.

② 문항 2는 문항 1보다 변별도가 높다.

③ 문항 3은 문항 4보다 변별도가 높다.

④ 문항 4는 능력 수준이 높은 사람들을 변별하는 데에 적합하다.

175 다음의 문항특성곡선들에 대한 해석으로 옳은 것은? (08 초등)

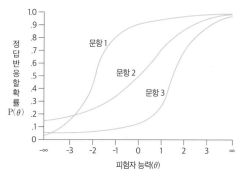

① 문항2의 문항난이도 지수는 1이다.

② 문항1이 문항2보다 문항추측도가 높다.

③ 문항2가 문항3보다 문항변별도가 낮다.

④ 문항1은 능력 수준이 높은 피험자들을 변별하는 데 적합하다.

1) 내용타당도(Content Validity): **검사내용에 기초한 근거**

① 교수·학습과정에서 설정하였던 교육목표의 성취 여부를 묻는 학업성취도 검사의 타당성 검증을 위하여 내용타당도가 주로 사용된다.

② 학업성취도 검사에서 내용타당도를 증진시키기 위하여 내용요소와 행동요소로 나누어 이원분류표를 작성하는 것은 매우 중요하다. -검증방법-

2) 구인(성) 타당도(Construct Validity): **내적 구조에 기초한 근거**

① 구인 타당도는 심리적 특성을 이루고 있는 하위 구인들이 실제로 검사 도구에 구성되고 있는지를 측정하는 것이다.

② 검사가 의도한 바의 특성을 측정하고 있는지에 대한 증거를 수집하는 과정

③ ❸ 창의성 검사 도구를 제작 시, 창의성을 구성하는 구인은 유창성, 융통성, 상상력, 독창성, 정교성으로 규정하게 된다.

3) 예언(측)타당도(Predictive Validity): **대학수학능력시험-학점**

① 예언타당도는 준거관련 타당도 중에 하나이며, 검사 도구가 수험자의 미래의 행동특성을 어느 정도 정확하게 예언하는지를 나타내는 지수를 말한다.

② 대학수학능력시험에서 높은 점수를 획득한 학생이 대학에서 성공적으로 학업을 수행할 때 예측타당도가 높다고 할 수 있다.

4) 공인타당도(Concurrent Validity): **토익, 텝스**

① 기존에 타당성을 입증받고 있는 검사로부터 얻은 점수와의 관계를 통해서 검증되는 타당도

② 새로운 검사를 제작하였을 때 새로 제작한 검사의 타당성을 검증하기 위하여 기존에 타당성을 보장받고 있는 검사와의 유사성 혹은 연관성에 기초하여 타당성을 검증하는 방법

③ 새로 제작한 검사의 점수와 준거점수로 타당성을 인정받고 있는 검사점수와의 상관계수에 의하여 검증되므로 계량화할 수 있다.

5) 결과타당도(Consequential Validity): **인성검사 - 인성교육**

① 타당도에 있어 중요한 점은 실시한 검사나 평가가 무엇을 위한 평가이고 어떠한 결과를 가져왔는지를 점검해 보는 것이다.

② 결과타당도란 검사나 평가를 실시하고 난 결과에 대한 가치 판단이다.

③ 평가 결과와 평가 목적과의 부합성, 평가 결과를 이용할 때의 목적 도달 여부, 평가 결과가 사회에 주는 영향, 평가 결과를 이용할 때의 사회의 변화들과 관계있다.

Keyword

176 우수한 학생을 선발하기 위한 적성검사를 제작할 때 검사의 타당성을 검증할 수 있는 방법으로 옳지 않은 것은? (14 7급)

① 적성검사에서 높은 점수를 받은 학생이 학교에서 얼마나 우수한 성적을 보이는지 관계를 살펴본다.

② 적성검사를 받고 나서 일정 시간이 지난 다음 다시 적성검사를 실시하여 두 점수의 일치도를 살펴본다.

③ 새로 제작한 적성검사에서 높은 점수를 받은 학생이 기존의 다른 표준화된 적성검사에서도 높은 점수를 받는지 살펴본다.

④ 내용 전문가에 의해 검사가 측정하고자 하는 속성을 제대로 측정하고 있는지 그리고 내용 영역을 얼마나 잘 대표하는지를 주관적으로 판단하게 한다.

177 인간의 심리적 특성을 규명한 후, 그 심리적 특성이 검사 도구를 통하여 제대로 측정되었는지를 검증하는 타당도는? (13 7급)

① 구인타당도(construct validity)

② 예측타당도(predictive validity)

③ 공인타당도(concurrent validity)

④ 내용타당도(content validity)

178 다음은 김 교사가 학기말 시험문제를 출제하는 과정을 진술한 것이다. 김 교사가 출제과정에서 고려한 타당도로 가장 적합한 것은? (11 중등)

> 중학교에서 국어를 가르치고 있는 김 교사는 다음과 같은 방법으로 학기말 시험문제를 출제하였다. 우선 이원분류표에 근거하여 수업목표 및 교수·학습과정에서 중요하게 다루었던 내용들을 확인하였으며, 이것들을 중심으로 학기말 시험문제를 출제하였다. 시험문제를 출제한 후 국어 교과 전문가와 협의하여 자신이 출제한 문항들이 대표성을 가지고 있는 문항표집인지 점검하였다.

① 내용타당도　　　　② 안면타당도

③ 공인타당도　　　　④ 구인타당도

⑤ 예언타당도

* 2회 반복검사를 통한 신뢰도 추정

1) 재검사 신뢰도 (Test-Retest Reliability)

한 검사를 동일한 집단에게 일정한 시간적 간격(2~4주)을 두고 두 번 실시하고 검사결과 간의 상관계수로 신뢰도를 제시하는 방법이다.

2) 동형검사 신뢰도 (Parallel-Form Reliability)

동형검사 신뢰도는 두 개의 동형검사 도구를 제작하고, 이 두 검사 간의 상관계수를 산출하여 신뢰도를 나타내는 방법이다.

* 1회 검사를 통한 신뢰도 추정

3) 반분 신뢰도 (Split-Half Reliability)

① 검사문항을 반으로 나누어 신뢰도를 추정한다. 두 부분의 점수 간의 상관계수를 산출하여 신뢰도를 나타내는 방법이다.
② 반분 신뢰도는 두 부분에 대한 신뢰도이지 전체 신뢰도가 아니기 때문에, Spearmman-Brown 공식으로 교정된다. (문항 수 감소: 신뢰도 계수 감소)

4) 문항내적일관성 신뢰도

① 문항내적일관성 신뢰도는 검사도구의 문항 하나하나를 독립된 하나의 검사도구로 간주하여, 각 문항 간의 상관을 산출하고 그것을 종합하여서 신뢰도를 나타내는 방법이다.
② 종류는 KR-20(이분문항), KR-21(이분, 다분문항), Hoyt(이분, 다분문항), Cronbach α(이분문항, 다분문항)가 있다.

5) 신뢰도를 높이는 조건

① 양질의 문항 수를 증가(곡선형 증가)
② 적절한 문항난이도
③ 높은 변별도
④ 시험 시간을 제한하지 않는 역량 검사
⑤ 내용타당도 고려

Keyword

179 다음에 해당하는 신뢰도는? (21 7급)

> • 같은 집단에 특성이 비슷한 두 개의 검사를 각각 실시하고 두 검사점수 간의 상관계수를 산출하여 신뢰도를 구한다.
> • 기억효과와 연습효과가 감소된다.

① 검사-재검사 신뢰도　　　　② 동형검사 신뢰도
③ 반분 신뢰도　　　　　　　④ 문항내적 일관성 신뢰도

180 내적 일관성 신뢰도(internal consistency reliability)에 대한 설명으로 옳지 않은 것은? (08 중등)

① 호이트(Hoyt) 신뢰도는 분산분석 방법을 사용해서 신뢰도를 추정한다.
② 검사를 한번만 실시하고도 검사의 신뢰도를 추정할 수 있는 방법이다.
③ 반분검사 신뢰도의 경우 검사를 양분하는 방법에 따라 신뢰도 계수가 다르게 추정된다.
④ 스피어만-브라운(Spearman-Brown) 신뢰도는 각각의 문항을 하나의 검사로 간주하여 문항들 간의 유사성을 측정한다.

181 검사 – 재검사 신뢰도 추정과 관계없는 것은? (05 중등)

① 검사실시 간격에 따라 결과가 다르다.
② 기억 및 연습효과가 결과에 영향을 미친다.
③ 검사문항을 반으로 나누어 신뢰도를 추정한다.
④ 동일한 검사환경, 검사동기, 검사태도의 조성이 어렵다.

1) 신뢰도와 타당도의 관계

신뢰도는 타당도의 필요조건이다. 검사도구가 타당하기 위해서는 신뢰도가 전제 조건이 되어야 한다. 따라서 검사제작과 관련해서 신뢰도는 타당도에 필수적이라 할 수 있다. 따라서 검사가 타당하려면 신뢰도가 높아야 한다. 그러나 신뢰도가 높다고 해서 타당도가 반드시 높아지는 것만은 아니다. (타당도는 신뢰도의 충분조건)

관계 표

Keyword

	관찰 점수	
진 점수		오차 점수
신뢰도 ○		신뢰도 ✕
타당도 ○	타당도 ✕	

2) 객관도 (Objectivity): 평정자의 주관적인 편견을 얼마나 배제하였느냐의 문제다.

① 채점자 내 신뢰도는 한 채점자가 모든 측정대상에 대하여 계속적으로 일관성 있게 측정하였는지를 나타낸다.
② 채점자 간 신뢰도는 한 채점자가 다른 채점자와 얼마나 유사하게 평가하였느냐이다.
③ 채점자 간 신뢰도와 채점자 내 신뢰도가 낮게 추정되었다면, 관찰내용, 관찰방법, 분류방법, 점검표 등을 재확인하고 관찰자들에게 관찰훈련을 강화하여야 한다.

3) 실용도 (Usability)

① 실용도란 한 개의 평가도구를 얼마나 시간과 노력을 적게 들이고 사용할 수 있느냐 하는 검사도구의 경제성을 의미한다.
② 실시와 채점이 용이해야 하며,
③ 해석이 용이하고 활용 가능하여야 하며,
④ 비용이 적게 들어야 한다.

---

182 좋은 검사도구가 갖추어야 할 다음의 조건은? (21 국)

> • 여러 검사자(채점자)가 어느 정도로 일치된 평가를 하느냐를 의미한다.
> • 검사자의 신뢰도를 의미하기도 한다.

① 타당도
② 객관도
③ 실용도
④ 변별도

183 수행평가를 실시할 때 유의할 사항으로 가장 옳은 것은? (04 중등)

① 신뢰도를 높이기 위해 채점자 사전 교육을 삼가야 한다.
② 타당도를 높이기 위해 간접적인 평가방법을 사용해야 한다.
③ 실용도를 높이기 위해 수행과제의 수를 많이 포함해야 한다.
④ 객관도를 높이기 위해 동일한 문항을 여러 명이 채점하게 한다.

184 서술형 문항의 객관적인 채점을 위해 고려할 사항으로 가장 적절한 것은? (01 초등)

① 학생단위가 아닌 문항단위로 채점한다.
② 검사를 실시한 후에 채점기준표를 만든다.
③ 학생의 선행 학습수준을 고려하면서 채점한다.
④ 어려운 문항부터 쉬운 문항의 순서로 채점한다.

1) 척도

① 명명척도(nominal scale): 이름 대신에 쓰이게 되며, 예컨대 운동선수들의 등번호, 주민등록번호나 전화번호와 같은 것이다. 이 척도를 가지고 우리가 수학적 또는 수리적 처리를 할 수 있는 것은 거의 없다.

② 서열척도(ordinal scale): 측정단위의 간격 간에 동간성이 유지되지 않으며 측정대상의 속성에 따라 순서를 정하거나 순위를 매긴 척도이다. 예를 들면, 성적순위, 선호하는 정도, 키순서 등을 들 수 있다.

③ 동간척도(interval scale): 점수의 단위들이 척도상의 모든 위치에서 동일한 값을 갖는 척도이다. 분류, 서열, 동간성의 특성을 갖는다. 즉, 이 척도는 분류와 순위에 관한 측정을 할 수 있는 서열척도의 특징에 측정단위가 동간격이라는 조건을 만족해야 한다. 이 척도는 비율특성, 즉 절대 영점이 없다. 예를 들면, 어느 학습자의 수학 성취도 검사점수가 영점이라고 해서 수학 실력이 전혀 없다고 말할 수는 없다.

④ 비율척도(ratio scale): 절대 영점과 가상적 단위를 지니고 있으며 측정단위의 간격 간에 동간성이 유지되는 척도이다. 예를 들면, 키, 몸무게, 나이 등을 들 수 있다.

2) 표준화 검사(standardized test)

① 어떤 사람이 사용해도 검사의 실시·채점·해석이 동일하도록 모든 형식과 절차가 기술적으로 엄격하게 통제된 검사

② 교사들이 만든 시험이나, 행동발달 상황을 조사하기 위하여 잠정적으로 개발한 설문지(說問紙) 등과 같은 비형식적 검사와 달리, 표준화 검사는 검사의 구성과 문항의 표집이 엄격한 예비조사를 통해 되었을 뿐만 아니라, 상당한 수준의 타당도와 신뢰도가 보장되고 있고, 상대적 비교가 가능한 규준을 갖추고 있다.

3) 학급 검사와 표준화 검사의 비교

내용	학급 검사	표준화 검사
검사시행지시 및 채점요령	구체화되어 있지 않음	구체화되어 있음
검사제작자	교사	교사, 교과전문가 교육측정·검사이론전문가
규준의 단위	학급단위, 학교단위	지역단위, 국가단위
사용과 목적	개인의 상대적인 서열 비교 어떤 준거(목표)에 대한 성취 여부	개인의 상대적인 서열, 학교, 지역, 국가 간의 비교 가능

Keyword

185 사물이나 사람의 특성을 측정하기 위해서는 측정단위를 설정하여야 한다. 다음 중 '절대 영점'을 포함하고 있는 척도는? (13국)

① 명명척도(nominal scale)
② 서열척도(ordinal scale)
③ 동간척도(interval scale)
④ 비율척도(ratio scale)

186 표준화 검사 도구를 활용할 때 유의할 점으로 적절하지 않은 것은?

(17국)

① 검사 실시 목적에 적합한 내용의 검사를 선택한다.
② 검사의 타당도, 신뢰도, 객관도, 실용도를 고려하여 검사를 선택한다.
③ 상황에 맞춰 검사의 실시, 채점, 결과의 해석을 융통성 있게 변경한다.
④ 검사를 사용하는 사람이 검사에 대한 객관적인 식견이 있어야 한다.

1) 컴퓨터화 검사의 정의

① 컴퓨터를 이용한 모든 검사를 컴퓨터화 검사라 한다.

② 컴퓨터화 검사의 종류로는 지필검사의 종이와 연필 대신에 컴퓨터의 화면과 키보드를 사용하여 실시하는 검사인 컴퓨터 이용검사와 피험자의 개별능력에 따라 다음 문항을 선택하여 제시하는 개별적인 적응검사인 컴퓨터화 능력적응검사가 있다.

2) 컴퓨터화 능력적응검사

① 지금까지 시행되어 온 지필검사에서 개별검사와 집단검사는 검사의 목적을 동시에 만족시킬 수 없는 특성을 가지고 있다.

② 개별검사를 실시하면 피험자에게 적절한 문항만을 선택하여 검사를 치르고 피험자가 과제를 이해했는지 여부를 자세히 알 수 있는 반면, 검사환경의 동일성을 유지하고 비용을 절감할 수 있는 집단검사의 장점을 잃게 된다.

③ 이러한 이유로 집단검사가 현재 더 널리 사용되고 있지만 집단검사는 너무나 넓은 범위의 능력수준을 가정하고 있다는 문제점이 있다.

④ 컴퓨터화 능력적응검사는 지필검사와 같이 모든 피험자에게 동일한 순서에 의해 동일한 문항을 제시하는 것이 아니라, 사전에 구축된 문제은행에서 컴퓨터의 연산능력을 이용하여 피험자의 정답 여부에 따라 능력수준에 부합하는 난이도를 가진 문항을 선택하여 제시하는 과정을 반복함으로써 피험자의 능력을 추정하는 컴퓨터를 이용한 검사방법이다.

3) 차별기능문항

① 차별기능문항에 대한 정의는 문항반응이론에 의한 문항특성곡선에 의하여 설명하면 매우 명료하다.

② 차별기능문항이란 피험자의 능력이 같음에도 불구하고 그들이 속한 집단의 특성 때문에 문항의 답을 맞힐 확률이 다른 문항이다.

③ 즉, 집단에 따라 문항특성곡선이 달리 그려지는 문항을 차별기능문항이라 한다.

Keyword

V 교육행정

1) 교육행정의 개념

① 국가통치권론(국가공권설): '교육에 관한 행정'으로 교육행정이 일반 행정의 한 영역으로 간주되기 때문에 안정성이 있는 반면 중앙집권적인 형태를 띠고, 교육의 전문성과 특수성을 반영하기 어려움
② 조건정비설(기능주의론): 교수와 학습의 인적 · 물적 · 재정적 제반 조건을 정비
③ 협동행위론: 여러 사람의 협동행위로 보는 견해
④ 행정과정론: 순환적인 행정과정의 경로 속에서 행정가가 실제 수행하는 일련의 기능

2) 교육행정의 기능

① 기획(planning): 미래를 예측하고 행동계획을 수립하는 일 **예** 교육기획, 학교기획
② 조직(organizing): 인적 · 물적 자원을 조직하고 체계화하는 일 **예** 학교조직, 관료제
③ 명령(commanding): 구성원으로 하여금 과업을 수행하도록 하는 일 **예** 변혁적리더십
④ 조정(coordinating): 모든 활동을 통합하고 상호 조정하는 일 **예** 의사소통, 갈등조정
⑤ 통제(controlling): 정해진 규칙과 명령에 따라 확인하는 일 **예** 장학, 재정관리

구분	교육에 관한 행정	교육을 위한 행정
관점	행정영역 구분설, 법규해석적 정의, 국가 공권설, 국가 통치권론	기능주의설(기능적 접근), 조건정비론(조건정비적 접근)
입장	교육행정은 국가 행정기능의 일부이다.	교육행정은 교육을 위한 것이어야 한다.
정의	교육행정은 국가통치권인 일반행정영역 중 하나로, 교육부가 수행하는 법적 기능인 행정집행활동	교육행정은 교육목표를 효율적으로 달성하기 위하여 인적 물적 자원을 지원하는 수단적 봉사활동
강조점	교육보다 '행정'을 중시	행정보다 '교육' 그 자체를 중시
장점	행정의 종합성 · 효율성 · 능률성 추구	교육의 자주성 · 전문성 정치적 중립성
문제점	• 관리와 통제 위주로 인한 행정편의주의 • 교육의 자율성 · 다양성 · 수월성 경시 • 교육행정의 특수성 · 전문성 간과	• 행정적 가치 경시로 인한 제도의 비능률성 • 인적 · 물적 자원 운용의 비능률성

3) 교육행정의 특성

① 봉사적: 교사의 심장이 학생의 가슴 속에서 뛰듯 행정을 담당하는 사람의 마음은 국민에게 있어야 한다.
② 정치적: 무상급식의 시행, 고교평준화의 유지와 해제 등의 사회적 이슈가 되는 교육현안들은 교육적 가치와 교육논리만으로 해결하기 어려워 정치적 결정에 의지하는 경우가 많다.
③ 민주적: 교육행정은 조직, 인사, 내용, 운영 등에서의 자율성과 민주성을 중요시한다. (정책결정과정에서 국민의 참여, 학교운영위원회를 통한 참여)

Keyword

187 〈보기〉의 진술 내용과 가장 관련이 많은 교육행정에 대한 관점은?
(07 중등)

> • 교육행정은 교육자와 학생 간에 이루어지는 교육활동을 지원하기 위한 보조적 활동이다.
> • 교육행정은 근본적으로 교육의 기본 목표를 보다 능률적으로 달성토록 하기 위한 일련의 지원활동이다.
> • 교육행정은 그 자체에 목적이 있는 것이 아니라 교수 학습을 통해 교육목표를 달성하도록 돕는 수단이다.

① 행정과정론   ② 조건정비론
③ 협동행위론   ④ 사회과정론

188 다음 제도 개혁의 취지에 부합하는 '교육행정에 대한 관점'을 설명한 내용으로 가장 적절한 것은? (13 중등)

> 최근 지방교육행정조직에서 '지역교육청'의 명칭을 '교육지원청'으로 변경하고 그 역할에 있어서도 변화를 꾀하였다. 이를 통해 행정의 기능을 종래의 '관리 · 점검' 중심에서 '일선 학교의 교육활동에 대한 지원 강화' 중심으로 새롭게 정립하고자 하였다.

① 교육행정을 '교육에 관한 행정'으로 보는 입장이다.
② 자율적 행정지원보다 관료적 효율성을 강조한 관점이다.
③ 교육의 자주성 · 전문성 측면보다 행정의 통제성 · 획일성 측면을 강조한 관점이다.
④ 교육 관련 법규에 따라 교육정책을 집행하는 공권적 작용을 강조하는 입장이다.
⑤ 교육행정을 교육목표의 효과적 달성에 필요한 조건을 정비 · 확립하는 수단적 활동으로 보는 입장이다.

1) 민주성의 원리

교육행정이 민주성의 원리에 따라야 한다는 것은 국민의 의사를 행정에 반영하고 국민을 위한 행정을 해야 한다는 것을 의미한다. ㉑ 다양한 구성원들의 의사를 반영하기 위해 위원회, 협의회 등을 둔다.

2) 효율성의 원리

행정활동에서 최소한의 인적 · 물적 자원과 시간을 들여서 최대의 성과를 거두는 것을 의미한다.

3) 합법성의 원리(법률주의의 원리)

합법성의 원리는 교육행정의 모든 활동이 합법적으로 개정된 법령, 규칙, 조례 등에 따라야 하는 법률 적합성을 가져야 한다는 것을 의미한다.

4) 기회균등의 원리

이 원리는 민주주의의 기본 원리로서, 특히 교육행정에 있어서 가장 강력하게 요청되는 원리다. 「헌법」 제31조 제1항은 '모든 국민은 능력에 따라 균등하게 교육받을 권리를 가진다.'고 규정하여 교육권을 기본권의 하나로 규정하고 있다.

5) 지방분권의 원리

교육은 외부의 부당한 지배를 받지 않고, 주민의 적극적인 참여와 그 지역주민의 공정한 통제에 의해 실시되어야 한다. 이러한 당위성을 제도화한 것이 바로 교육자치제다. (주의! 적도집권의 원리: 교육부와 교육청과의 조화)

6) 자주성의 원리

자주성의 원리는 교육이 그 본질을 추구하기 위하여 일반행정에서 분리 · 독립되고 정치와 종교로부터 중립성을 유지해야 한다는 것이다.

7) 안정성의 원리

안정성의 원리는 일단 국민적 합의과정을 거쳐 수립 · 시행되는 교육정책이나 프로그램은 장기적인 안목에서 계속성과 일관성을 유지해야 한다는 것이다.

8) 전문성 보장의 원리

교육행정은 교육을 위한 행정이므로 교육활동의 본질을 이해하고, 교육의 특수성을 체험적으로 인식하고, 교육행정에 관한 이론과 기술을 습득한, 충분한 훈련을 쌓은 전문가가 담당하여야 한다는 것이다.

Keyword

189 교육행정의 원리 중 지방분권과 중앙집권의 적정한 균형을 유지하려는 것과 가장 관계가 깊은 원리는? (21 7급)

① 민주성의 원리
② 적도집권의 원리
③ 자주성의 원리
④ 합법성의 원리

190 교육행정의 원리에 대한 설명으로 옳지 않은 것은? (12 7급)

① 지방분권의 원리가 강화되는 것은 최근의 세계적 현상이다.
② 교육의 전문성과 정치적 중립성은 교육의 자주성을 확보하기 위한 전제가 된다.
③ 효율성의 원리는 민주행정의 원리와 충돌할 가능성이 있다.
④ 법치행정의 원리는 행정재량권의 남용을 방지하고자 하는 의도를 포함하고 있다.

191 교육행정의 기본원리 중에서 민주성의 원리와 가장 관련이 깊은 것은? (04 중등)

① 중학교 무상 의무교육 실시
② 고교평준화 정책의 기본 골격 유지
③ 선택과 집중에 의한 대학 재정 지원
④ 정책결정 과정에 국민의 참여기회 확대

과학적 관리, 관료제, 인간관계론, 행동과학이론 - 체제이론 - 대안모형(가치판단)

Keyword

1) 교육행정 이론의 발달

이론		시기	대표학자와 이론	패러다임
고전이론	과학적 관리론	1910~	Taylor, 과학적 관리의 원칙 Bobbit, 교육행정의 원리(교육과정)	학교조사를 통한 실제개선
	관료제론		Weber, 관료제론, 권위의 유형 Abbott, Bidwell, 관료제와 학교조직	
인간관계론		1930~	Follet, 조직심리 연구 Mayo & Roethlisberger, 호손실험	민주적 행동원리 도입 및 행동처방
행동과학론		1950~	Barnard, 행정가의 기능 Simon, 행정가의 행동	구조기능적 패러다임
체제적 관점		1960~	Getzels & Guba, 사회과정 모형	체제적

2) 고전이론: 과학적 관리론(Taylor)

① 과학적 관리론은 대량생산체계를 중심으로 자본주의가 발전하기 시작한 19세기 후반과 20세기 초에 형성된 관리 사상으로, 산업조직뿐만 아니라 일반 사회조직에서 시간과 자원의 효과적 활용의 필요성을 제기한 이론이다.

② 과학적 관리론이 출현할 당시 각 국가들은 세계적 현상으로 대불황(1850~1870년대)을 겪고 있었다. 대불황은 경제 발전의 한 단계를 마무리하고 다음 단계의 시작을 의미한다. Talyor는 이와 같은 전환기에 미국에서의 대불황을 해결할 수 있는 방안으로 '과학적 관리론'을 주장하였다.

③ 경영 및 관리원칙은 시간 측정에 따른 원칙(시간 및 동작 연구), 작업의 과학적 관리(표준화된 조건, 1일 표준 생산량), 작업량에 따른 원칙(차별적 성과급제도), 계획과 작업의 분리원칙(관리와 수행의 분리), 기능에 따른 경영원칙(기능적 관리제) 등이다.

> ① 교원의 성과에 따라 보수를 차등적으로 지급한다.
> ② 학교관리에 있어 비용편익의 효율성을 강조한다.

---

192 테일러(F. W. Taylor)의 과학적 관리론을 따르거나 중시하는 학교관리자가 취할 가능성이 가장 높은 행동 특성은? (06 중등)

① 학교관리에 있어 비용 - 편익의 효율성을 강조한다.
② 학교 구성원간의 사회 · 심리적 관계를 우선시한다.
③ 학교운영에 관한 모든 일을 교사 및 학생들과 긴밀하게 협의하여 결정한다.
④ 교사의 교육 전문성을 중시하기 때문에 일반 관리업무와 사무에도 교사를 적극 활용한다.

193 과학적 관리론이 근거하고 있는 인간관을 가장 바르게 설명한 것은?
(03 중등)

① 인간은 스스로 동기 부여와 자기 규제를 할 수 있는 존재이다.
② 인간은 금전적 보상이나 처벌의 위협에서 일할 동기를 얻는다.
③ 인간은 어떠한 환경에도 적응할 수 있는 유연성을 지니고 있다.
④ 인간은 관리자의 통제보다는 집단의 일체감이나 소속감에 더 잘 감응한다.

194 〈보기〉와 같은 원칙을 제시하고 있는 교육행정이론은? (08 초등)

> • 교육에서의 낭비 요소를 최대한 제거하여야 한다.
> • 가능한 모든 시간에 모든 교육시설을 활용하여야 한다.
> • 교직원의 작업 능률을 최대로 유지하며, 교직원의 수를 최소로 감축하여야 한다.
> • 교사들에게 학교행정을 맡기기보다는 학생들을 가르치는 데에 전념하도록 한다.

① 행동과학론   ② 인간관계론
③ 과학적 관리론   ④ 사회체제론

과학적 관리, 관료제, 인간관계론, 행동과학이론 - 체제이론 - 대안모형(가치판단)

Keyword

1) 개요

① Weber는 관료제가 개인의 기본적 자유를 위협할 수는 있지만 가장 효율적인 조직화 시스템이라는 것을 인식하였다.

② 그는 관료제가 정부와 기업에서 모두 조직이 효율적으로 기능할 수 있는 능력을 보유하고 있다는 점에서 관료제의 성공을 예견했다.

③ Weber는 조직의 구성원들이 행동할 때 지향하는 규칙이 있음을 간파했다. 그는 이를 '질서'라 불렀으며, 이런 질서는 관습의 형태나 집단적 내규의 형태로 존재하고 있다고 주장했다.

④ 질서는 조직의 통치 유형에 따라 서로 다른 규칙으로 나타나며 그 규칙에 대한 복종을 '권위(authority)'라고 불렀다.

관료제의 특징	순기능	역기능
분업과 전문화	빠르고 숙련된 업무처리	단조함으로 인한 권태감
몰인정지향성	조직운영의 합리성	구성원의 사기 저하
권위의 위계	조직통솔과 기강확립	의사소통 단절
규율과 규정	조직의 계속성과 통일성	경직과 목표 전도
경력 지향	안정적인 업무수행, 유인책	성취와 연공서열 간의 갈등

2) 학교조직에서 관료제의 특징

① 업무의 기능적 분업: 학교의 업무는 크게 교수-학습 활동을 중심으로 한 수업과 이를 지원하기 위한 각종 행정업무로 나누어진다.

② 공식적 직무로서의 교직원 역할의 정의: 초·중등교육법 제20조에는 교장과 교감, 교사, 행정직원과 같은 직원의 역할이 명확하게 규정되어 있다. 부장교사와 같은 학교의 보직교사의 경우, 그 명칭은 관할 지역교육청이 정하고 업무분장은 학교장이 정하도록 규정하고 있다.

③ 절차 규정에 따른 운영: 공식적 행위의 목적과 형태를 상술하여 교사의 재량에 제한을 두는 절차가 존재한다.

④ 직책의 위계구조: 학교조직은 직제표에 따라 명확하고 엄격한 위계구조를 지니고 있다. 예를 들면, 교장-교감-학급담임의 구조, 교장-교감-교과담임의 구조, 교장-교감-부장교사-교사의 구조 등

⑤ 승진구조: 교사는 전문적 능력에 따라 채용되고, 승진은 연공서열과 업적에 따라 결정된다

---

195 학교조직에서 관료제의 특징과 설명의 연결이 옳지 않은 것은? (14 국)

① 몰인정지향성 - 개인적인 감정에 좌우되지 않고 원리원칙에 의해 조직을 운영한다.

② 경력지향성 - 조직 구성원의 직무경력을 중요하게 여겨 한 조직에 오랫동안 남게 하는 유인이 된다.

③ 분업과 전문화 - 과업을 효율적으로 수행하기 위하여 직위 간에 직무를 적정하게 배분하고 전문화를 도모한다.

④ 규칙과 규정 - 모든 직위가 공식적 명령계통을 중심으로 계층구조를 가지고 있어 부서 및 개인 활동의 조정이 용이하다.

196 학교조직이 관료제적 특성을 지니고 있다는 설명과 가장 거리가 먼 것은? (04 중등)

① 학교조직에는 직제상 명확하고 엄격한 권위의 위계가 있다.

② 학교는 효율적인 교육을 위해 전문화와 분업의 체제를 갖추고 있다.

③ 학교는 독립된 조직단위로 운영되고, 교사의 주요 교육활동은 교실에서 이루어진다.

④ 학교조직은 교직원의 행동을 일관되게 통제하기 위하여 규칙과 규정을 제정·활용한다.

과학적 관리, 관료제, 인간관계론, 행동과학이론 - 체제이론 - 대안모형(가치판단)

Keyword

1) 민츠버그(Mintzberg)의 전문적 관료제의 구조이론

① 현업핵심층(operating core): 조직구조의 하부에 위치하며, 고객에게 제품이나 서비스를 생산하거나 제공하는 인력이다. 공장의 조립라인 근로자, 병원의 의사와 간호사, 항공기의 승무원, 학교의 교사 등이 여기에 속한다.

② 중간관리층(administrative component): 현업핵심계층의 바로 위에 자리하고 있으며, 감독 및 통제와 현업 근로자에게 필요한 자원의 제공을 담당하는 관리계층을 말한다. 공장의 감독자, 학교의 교장, 중간관리자 계층이 해당된다.

③ 전략상층부(strategic apex): 조직의 제일 상층부에 위치하며, 외부 환경에 주목하면서 조직의 비전 설정과 구조설계를 담당한다. 기업의 임원, 학교의 경우 교육감이나 교육장, 학교법인의 이사회 등이 여기에 속한다.

④ 전문기술 부문(technostructure): 중간관리계층의 한쪽에 위치하며, 조직의 산출물과 프로세스에 대한 표준화, 측정 및 검사, 조직활동 설계 및 계획, 직원훈련 등을 담당한다. 기업의 회계나 품질관리 부서, 정부의 감사 부서 등이 여기에 속한다.

⑤ 지원 부문(support staff): 중간관리계층의 다른 한쪽에 위치하며, 다른 부분의 과업수행을 지원하거나 촉진시키는 역할을 한다. 학교의 경우 학교식당 종사자, 수위, 시설담당 직원, 버스 운전기사 등이 여기에 속한다.

2) 민츠버그(Mintzberg)의 다섯 가지의 조직유형

① 단순구조(simple structure): 소규모의 전략상층부에 의해 직접 감독이 이루어지며, 중간관리계층이나 기술 및 지원 부문이 없는 정교화되지 못한 조직이다. 영세 소규모 기업, 도서벽지 소규모 학교 등이 이에 속한다.

② 기계식관료제(machine bureaucracy): 표준화된 작업과정을 통해 조정되는 조직이다.

③ 전문관료제(professional bureaucracy): 기술의 표준화를 조정 기제로 하는 조직이다. 현업핵심계층이 조직의 핵심적인 부분이 되며, 실무전문가들의 기술과 지식에 의존하는 조직이다. 전문가 스스로 자신을 통제하고 작업기준을 개발하기 때문에 별도의 전문기술 부분은 크게 필요하지 않으며, 분권화되고 이완된 형태를 띤다. 전문가 조직이나 체계화된 대규모 학교 등에서 나타난다.

④ 사업부제(divisionalized form): 종합대학교의 각 단과대학, 종합병원의 각 전공분과, 대기업의 각 사업부 등이 여기에 속한다.

⑤ 임의구조(adhocracy): 수평적인 상호조절을 통해 통합을 이루는 조직이다. 모호한 권한체계, 불명확한 목표, 상호모순적 책임 배분 등을 특징으로 하는 신축적인 조직형태다. 역동적이고 급변하는 환경에서 흔히 나타나며, 광고회사, 컨설팅회사 등이 여기에 해당된다.

---

197 민츠버그(Mintzberg)의 조직이론에 비추어 볼 때, 다음과 같은 특성을 보이는 학교의 조직 형태는? (02 중등)

> 학교장은 민주적인 방식으로 학교를 운영하고 있으며, 교직원들은 교육과정 운영 및 제반 학교운영 관련 업무를 권한과 책임을 가지고 처리하고 있다.

① 단순구조   ② 임시조직
③ 전문적 관료제   ④ 기계적 관료제

198 〈보기〉의 내용과 같은 특징을 지니고 있는 민츠버그(H. Minzberg)의 조직구조 기본 유형은? (07 초등)

> • 조직의 주요 부분은 핵심 작업층이다.
> • 조직의 주요 조정 기제는 기술의 표준화이다.
> • 조직의 설계에서는 훈련과 수평적 직무 전문화가 주요하게 고려된다.
> • 조직의 구조는 복잡하면서도 안정적인 환경이나 비규제적 환경에 적합하다.

① 임시구조   ② 사업부제 구조
③ 기계적 관료구조 ④ 전문적 관료구조

과학적 관리, 관료제, 인간관계론, 행동과학이론 - 체제이론 - 대안모형(가치판단)

Keyword

1) 인간관계론

과학적 관리론의 반작용(인간에 대한 관심: Mayo의 호손실험)

① 학교 내의 비공식 조직의 중요성을 인정하고 이들과 협력한다.

② 학생들이 스스로 학습에 재미를 느끼고 공부할 수 있는 환경을 조성한다.

2) 인간관계론이 교육행정에 준 영향

① 교육행정의 과정에서 교사의 참여를 중시한다.

② 교장의 비억압적이고 비지시적인 지도력을 강조한다.

③ 교육행정의 과정에서 명령, 지시보다는 동기유발, 직무만족감 증진 등이 강조된다.

	공식 조직	비공식 조직
본질적 성격	인위적, 공식적	자연발생적, 비공식적
수명	제한적	비제한적
개념	권위와 책임	권력과 정치
기본 초점	직위, 외재적	사람, 내면적
권력 근원	행정가 위임	집단이 부여
행위 지침	분명, 규칙과 정책	불분명, 배후에 존재
운영	능률의 논리	감정의 논리

3) 인간자원론

① 인간관계론은 인간관계(human relations)와 인적자원(human resources) 형태로 분화되어 발달되었으며, 인간관계론의 이론적인 성장은 인적자원론으로 이어진다.

② 인간관계론에서 주장하는 사회적 욕구가 중요한 것은 분명하지만, 인적자원론에서 강조되는 것은 성장과 도전을 위한 개인의 역량이다.

③ 조직적 책무성 증대, 조직목표의 성취에서 좀 더 개인의 내적인 만족에 관한 욕구로 변화되고 있음을 시사하고 있다(Sergiovanni & Staratt, 1979).

---

199 다음은 어떤 교육행정이론에 대한 설명이다. 이 이론을 적용한 학교 행정의 특징으로 옳은 것을 〈보기〉에서 모두 고른 것은? (10 중등)

- 교육행정의 민주화에 공헌하였다.
- 비공식 집단의 중요성을 강조한다.
- 인간은 경제적 유인보다는 사회적 · 심리적 요인으로 동기 유발된다.

<보 기>
ㄱ. 조직 구성원 간의 권위의 위계가 명확하다.
ㄴ. 동료 교사 간의 인간관계와 교사의 개인적 사정에 대한 배려를 중시한다.
ㄷ. 교사와 행정직원의 역할 구분이 명확하여 교사는 가르치는 일에 전념한다.
ㄹ. 교장은 의사결정 과정에 교사 친목회, 교사 동호회의 의견을 반영한다.
ㅁ. 교원 평가 결과를 바탕으로 성과 상여금을 지급한다.

① ㄱ, ㄷ
② ㄱ, ㅁ
③ ㄴ, ㄹ
④ ㄱ, ㄷ, ㄹ
⑤ ㄴ, ㄹ, ㅁ

200 메이오(E. Mayo)와 뢰슬리스버거(F. Roethlisberger)가 호손(Hawthorne) 공장에서 수행한 실험연구를 통해 정립된 이론에 근거하여 학교행정을 가장 잘 설명하고 있는 것은? (07 중등)

① 학교행정은 계획, 조직, 명령, 조정, 통제의 과정을 거쳐 이루어져야 한다.

② 학교행정가는 구성원의 참여를 보장하고 교직원의 사기와 인화를 촉진해야 한다.

③ 학교행정가는 학교를 하나의 사회체제로 파악하여 체제적 관점에서 접근해야 한다.

④ 학교의 비효율과 낭비를 제거하고 관리의 효율성을 극대화하기 위해서는 학교 구성원 및 과업에 대한 체계적인 관리가 필요하다.

과학적 관리, 관료제, 인간관계론, 행동과학이론 - 체제이론 - 대안모형(가치판단)

Keyword

1) 행동과학론: 통합의 관점

① 과학적 관리론과 인간관계론의 관점을 통합해 보려는 시도가 나타나기 시작하였다.

② 행동과학적 접근은 사회과학자들의 주도로 학문적 발전을 이루었으며, 사회과학적 관점으로 명명되기도 한다. 또한 인간관계론에서 발전된 인적자원론의 확장된 이론으로 이해할 수 있다.

③ 개인이 자신의 욕구를 충족시키기 위해 조직을 이용하는 과정과 동시에 조직의 요구를 성취하기 위해 개인들을 이용하는 과정이 곧 융합의 과정이며, 이러한 융합의 과정에서 리더는 최대한의 목적을 실현할 수 있는 방식으로 융합시키는 역할을 해야 하는 것이다.

2) 체제론

① 어떤 체제이든지 간에 모든 체제는 여러 하위체제들로 이루어져 있다.

② 체제는 여러 부분으로 이루어진 전체 혹은 여러 요소의 총체를 말하며, 투입, 과정, 산출 및 환경이라는 개념으로 구성된다.

③ 하나의 체제는 다른 체제의 존재를 가정하고 상호작용한다. 전체의 체제를 환경이라고 말하며, 체제 간 상호작용의 활성 여부에 따라 개방체제(open system)와 폐쇄체제(closed system)로 구분될 수 있다.

④ 개방체제는 조직 내외부의 요소들을 결합하는 상호적 연계성을 강조한다.

⑤ 학교는 폐쇄적인 조직보다는 개방적인 조직으로서, 환경으로부터 고립된 하나의 체제라기보다는 국가사회의 정치, 경제, 사회 등 다른 체제의 영향을 받는다.

3) 게첼스와 구바(Getzels & Guba)의 사회과정모형에서 개인과 조직적 차원의 특징

① 개인적 차원의 특징(인성, 욕구 성향): 독립된 인격체로서의 개인은 자신의 행위를 자신만의 고유한 인성과 욕구성향에 따라 결정할 수 있다.

② 조직적 차원의 특징(역할, 역할기대): 조직원으로서의 개인은 조직 내에서 역할을 부여받게 되며, 역할 기대에 부응하여 자신의 행위를 결정하게 된다. 이렇게 조직 내 역할 및 역할기대에 부응하여 표출된 행위는 조작의 효과성(effectiveness) 수준을 나타낸다.

③ 역할과 인성 모형에서 군대조직과 예술조직의 특징: 군대조직에 속한 개인은 주로 자신에게 주어진 역할에 의존해 자신의 행위를 결정하는 반면에, 예술가 조직에 속한 사람은 주로 자신의 인성에 의존해 행동하게 된다는 것이다.

④ 학교조직에 주는 시사점: 학교조직 역할과 인성 간의 상호작용 관계를 조화롭게 적용한다.

---

201 〈보기〉의 내용을 교육행정 이론의 시대적 변천 순으로 올바르게 배열한 것은? (11 중등)

> ㄱ. 효과적인 의사결정을 위해 제한된 합리성을 토대로 하는 행정적 인간형이 필요하다는 주장과 더불어 교육행정의 이론화에 크게 영향을 주었다.
>
> ㄴ. 교직원들의 사회적·심리적 여건과 비공식 집단의 사회 규범이 생산성에 중요하게 영향을 미친다는 주장과 더불어 교육행정의 민주화에 크게 공헌하였다.
>
> ㄷ. 작업 과정의 표준화를 통해 교직원의 작업 능률을 최대한 유지하면서 학교의 비효율과 낭비를 제거하여야 한다는 주장과 더불어 교육행정의 효율화를 극대화하였다.

① ㄱ→ㄴ→ㄷ ② ㄱ→ㄷ→ㄴ ③ ㄴ→ㄱ→ㄷ
④ ㄷ→ㄱ→ㄴ ⑤ ㄷ→ㄴ→ㄱ

202 겟젤스(Getzels)와 구바(Guba)가 제시한 사회체제모형에 대한 설명으로 알맞지 않은 것은? (13 지)

① 학교조직이 위기상황에 처하게 되면 역할보다 인성의 지배를 더 많이 받는다.

② 심리적 차원에서 인성이란 그 사람의 행위에 영향을 주는 일련의 특이한 욕구성향을 의미한다.

③ 인간의 행동은 사회조건들로 이루어진 조직적 차원과 개인의 인성적 특성으로 이루어진 심리적 차원의 기능적 관계에서 나타난다.

④ 조직적 차원은 개인의 행동이 사회규범에 순응하도록 하는 것이며, 그 구성요소는 제도, 역할, 그리고 행동에 대한 역할기대이다.

203 호이(Hoy)와 미스켈(Miskel)의 학교조직에 대한 관점에 해당하지 않는 것은? (21 7급)

① 학교는 하나의 개방된 사회체제이다.

② 학교에서는 환경의 영향을 받으며 각종 투입이 이루어지고, 몇 가지 하위체제를 통해 전환이 일어난다.

③ 학교의 하위체제로는 기획·조직·명령·조정·통제 체제가 있다.

④ 학교의 산출로는 성취, 직무 만족, 출석(결석률), 중도탈락 등이 있다.

1) 조직

"조직이란 둘 이상의 사람들이 '공유한 목표를 달성하기 위해' 과업과 역할 및 권한 관계 등을 구조화한 사회체제"라고 할 수 있다.

2) 공식 조직(formal organization)

① 조직의 구조란 조직의 수직적 통제와 수평적 조정을 위한 틀을 말한다.
② 일정한 목적을 달성하기 위해서 의도적이고 인위적으로 구성된 집단이다. 따라서 공식적·제도적으로 형성되며 구조에 중점을 둔다.

3) 공식 조직으로 학교조직도 유형

① 계선 조직(line organization)은 조직도의 수직적인 라인에 있는 부서로, 상하 위계 속에서 지휘와 명령 계통에 따라 업무를 직접 수행하는 조직이다. 예 학교의 교무 분장 조직 등으로 업무의 통일성, 능률성, 책임성을 중시한다.
② 참모 조직(staff organization)은 계선조직이 의사결정이나 업무를 원활히 수행할 수 있도록 전문적인 자문이나 조언을 하는 조직이다. 예 학교운영위원회 등이 참모조직
③ 보조 조직(auxiliary organization)은 계선 조직과 참모 조직 이외에 어느 정도 독립성을 지닌 지원 조직으로 주로 대규모의 조직에서 나타난다.

4) 칼슨의 봉사조직(service organization) 유형: 조직과 고객 '선택'에 의한 분류

① 유형 Ⅰ(야생조직): 고객이 조직을 선택하기도 하고 조직이 고객을 선발하기도 한다. (자립형사립고, 대학, 사립학교, 개인병원, 공공복지기관 등)
② 유형 Ⅱ(적응조직): 조직이 고객을 선발할 수 없는 반면에 고객은 조직을 선택할 수 있다.
③ 유형 Ⅲ(강압조직): 고객은 조직 선택권을 갖고 있지 않고, 조직만 고객 선택권을 가지고 있는 경우로서, 이 경우에는 서비스 조직이라고 볼 수 없다.
④ 유형 Ⅳ(온상조직): 조직이나 고객 모두 선택권을 갖지 못하는 조직으로 법적으로 그 존립을 보장받기 때문에 온상조직이라고도 한다. (공립학교, 정신병원, 형무소 등)

Carlson 분류에 따른 조직의 유형론

		고객의 참여 결정권	
		유	무
조직의 고객 선택권	유	유형 Ⅰ (야생 조직)	유형 Ⅲ(강압 조직)
	무	유형 Ⅱ (적응 조직)	유형 Ⅳ(온상 조직)

Keyword

204 칼슨(Carlson)의 분류에 따를 때, 공립학교가 해당되는 유형은? (20 지)

고객의 참여결정권 조직의 고객선택권	유	무
유	유형 Ⅰ	유형 Ⅲ
무	유형 Ⅱ	유형 Ⅳ

① 유형 Ⅰ　　　　　② 유형 Ⅱ
③ 유형 Ⅲ　　　　　④ 유형 Ⅳ

205 칼슨(Carlson)의 조직유형론에서 공립학교처럼 조직이 그 조직에 들어오는 사람을 통제할 수 없고, 조직의 고객도 그 조직에 참여하는 것을 스스로 선택할 수 없는 조직유형은? (14 7급)

① 이완 조직　　　　② 야생 조직
③ 사육 조직　　　　④ 조직화된 무질서 조직

206 참모조직과 계선조직에 대한 설명으로 옳은 것은? (24 국)

① 참모조직은 전문적인 지식과 기술을 활용하여 직접적인 명령, 집행, 결정을 행사한다.
② 계선조직은 권한과 책임의 한계가 불명확하여 능률적인 업무 수행이 어려운 한계가 있다.
③ 참모조직은 계선조직이 원활하게 역할을 수행하도록 연구, 조사, 계획 등의 기능을 수행한다.
④ 계선조직은 횡적 지원을 하는 수평적 조직인 반면, 참모조직은 계층적 구조를 갖는 수직적 조직이다.

1) 에치오니(Etzioni)의 순응의 구조(compliance structure) 유형

순응이란 부하를 통제하기 위해 상급자가 행사하는 권한과 이에 대한 부하의 참여 태도 사이에 형성되는 관계를 말한다.

① 강제조직(coercive organization): 구성원에 대한 통제수단으로 물리적 제재나 위협이 사용되며, 구성원들은 억지로 참여하는 형태다. 교도소, 정신병원 같은 조직, 질서유지를 가장 중시하는 조직

② 공리조직(utilitarian organization): 지배적인 권력수단은 물질적 보상이며, 이에 대해 구성원들은 이해타산적으로 참여하는 형태다. 대부분의 기업이 여기에 해당하며, 이윤추구를 주 목적으로 한다.

③ 규범조직(normative organization): 법규나 사회적 규범이 권력의 원천으로 사용되어 구성원들의 헌신적인 참여를 유도하는 조직이다. 종교단체, 학교, 종합병원 등이 여기에 해당하며, 새로운 문화의 창출과 계승 및 활용을 중시하는 조직이다.

Keyword

2) Etzioni 분류에 따른 조직의 유형론

통제수준	소외적 참여	타산적 참여	도덕적 참여
강제적	강제적 조직(1군대)		
보상적		공리적 조직(2회사)	
규범적			규범적 조직(3학교)

3) 센지(Senge)의 학습조직(learning organization)

① 체제적 사고(system thinking): 조직의 다양한 사건이나 활동을 부분이 아니라 조직 전체의 역동적인 상호작용 차원에서 인지하고 이해하는 접근방식

② 개인적 숙련(personal mastery): 지식과 기술 등에 대한 개인적 역량을 지속적으로 키우는 학습활동

③ 비전의 공유(shared vision): 조직이 추구하는 방향과 그 중요성에 대한 공감대 형성

④ 팀 학습(team learning): 구성원들이 팀을 이루어 학습하는 것으로 개인 학습을 증진하고 조직 학습을 유도

⑤ 정신적 모형(mental model): 주변에서 발생하는 현상들을 이해하는 인식체계

---

207 다음은 에치오니(Etzioni)의 조직유형론의 기준과 예시를 나타낸 것이다. ㉠~㉣에 들어갈 내용을 바르게 연결한 것은? (17 국 7)

	소외	타산	(㉠)
강제	(㉡)		
(㉢)		(㉣)	
규범			학교

	㉠	㉡	㉢	㉣
①	보상	군대	친밀	종합병원
②	헌신	교도소	보상	일반회사
③	몰입	복지기관	통합	종교단체
④	협동	소방서	지원	전문대학

208 초·중등학교 조직의 특성에 대한 설명으로 옳지 않은 것은? (18 국 7)

① 학교는 웨익(K. E. Weick)이 말하는 느슨한 결합조직으로서 빠르고 체계적으로 변화하지 않는 현상을 보인다.

② 학교는 칼슨(R. O. Carlson)의 구분에 따른 사육조직으로서 학생의 독특한 적응 방식(상황적 은퇴, 반항적 적응, 부수적 보상 적응)에 직면한다.

③ 학교는 민츠버그(H. Mintzberg)의 구분에 따른 전문적관료제로서 교사는 교육의 자율성과 관련한 역할 갈등을 경험한다.

④ 학교가 에치오니(A. Etzioni)의 구분에 의한 공리조직의 성격이 강할 때 구성원은 헌신적 참여를 한다.

1) 스타인호프(Steinhoff)와 오웬스(Owens)의 학교문화 유형론

문화유형	특징
가족문화	• 학생에 대한 의무 이상의 헌신, 서로에 대한 관심이 중요 • 모든 사람은 가족의 한 구성원이며, 애정, 우정, 협동적, 보호적
기계문화	• 학교를 순전히 기계적인 것으로 간주, 조직 구조가 원동력 • 행정가는 조직유지를 위한 투입을 제공하기 위해 시시각각 노력
공연문화	• 학교는 브로드웨이 쇼, 연회 등 공연장으로 간주, 청중의 반응에 초점 • 명지휘자의 감독하에 교수의 예술적 질을 강조
공포문화	• 학교가 전쟁지역과 같은 긴장의 장으로 은유되는 문화 • 학교는 폐쇄상자, 교도소, 고립된 생활공간으로 묘사, 직원 간 비난, 적대적

Keyword

2) 세티아(Sethia)와 글리노(Glinow)의 문화유형론

		성과에 대한 관심	
		높음	낮음
인간에 대한 관심	높음	통합 문화	보호 문화
	낮음	실적 문화	냉담 문화

3) 호이(Hoy) 등의 OCDQ-RE에 의한 학교풍토론

		교장의 행동	
		개방	폐쇄
교사의 행동	개방	개방 풍토	몰입 풍토
	폐쇄	일탈 풍토	폐쇄 풍토

209 호이(Hoy)와 미스켈(Miskel)이 구분한 학교풍토의 네 가지 유형에 대한 설명으로 옳지 않은 것은? (22 국)

① 개방풍토 - 교장은 교사들의 의견과 전문성을 존중하고, 교사들은 과업에 헌신한다.

② 폐쇄풍토 - 교장은 일상적이거나 불필요한 잡무만을 강요하고, 교사들은 업무에 대한 관심과 책임감이 없다.

③ 몰입풍토 - 교장은 효과적인 통제를 시도하지만, 교사들은 낮은 전문적 업무 수행에 그친다.

④ 일탈풍토 - 교장은 개방적이고 지원적이지만, 교사들은 교장을 무시하거나 무력화하려 하고 교사 간 불화와 편견이 심하다.

1) 조직화된 무정부로서의 학교(organizational anarchies): 코헨(Cohen), 마치(March)와 올슨(Olsen)

① 학교 구성원들의 참여가 유동적이고 간헐적이다.
② 교육 조직의 목적은 구체적이지도 명료하지도 않다.
③ 학교운영 기술뿐만 아니라 교수학습 기술이 분명하지 않다.
④ 대학을 대상으로 연구한 결과에 기반하고 있으며, 주로 고등교육조직을 설명할 때 많이 활용
⑤ 의사결정이 주먹구구식으로 이루어진다고 하여 쓰레기통(garbage can) 모형이라고 한다.
⑥ 최근에 들어 학교의 교육적 책무성을 높이려는 많은 정책적 노력들이 이루어지고 있다. 학교 교육과정의 자율적 운영 범위를 확대하고, 교장공모제의 도입과 학교단위 교사 임용방안이 모색되고 있으며, 학교운영위원회의 활성화와 학교정보공시제 강화 그리고 학교 평가와 학생의 학업성취도 평가 실시 등을 통해 학교 운영에 대한 책무성과 교육성취를 높이려 하고 있다.

2) 이완결합체제로서의 학교: 웨익(Weick)

① 교원의 직무수행에 대한 엄격하고 분명한 감독이나 평가방법이 없다.
② 교사들의 가치관과 신념, 전문적 지식, 문화·사회적 배경에 따라 교육내용에 대한 해석이나 교수방법이 다르다.
③ 체제나 조직 내의 참여자에게 보다 많은 자유재량권과 자기결정권을 제공한다.
④ 학교 구성원들에게 더 많은 자유재량과 자기결정권을 부여한다.
⑤ 각 부서 및 학년 조직의 국지적 적응을 허용하고 인정한다.
⑥ 마이어(Meyer)와 로완(Rowan)은 학교조직의 이완결합성이 관료적 규범이 아니라 신뢰의 논리를 따라 활동한다고 주장하였다.

3) 이중조직으로서의 학교

① 학교는 느슨하게 결합된 측면도 있지만, 한편으로 엄격한 관료제적 특성이 분명히 존재하고 있다는 것이다.
② 교사의 수업 활동에서 학교행정가와 교사는 느슨한 결합의 관계를 보이지만, 수업시간 운영과 학습집단 구성, 인적·물적 자원의 활용 등에서 교사와 학교행정가는 엄격한 결합 관계를 보인다.
③ 교사가 수행하는 수업 외적 활동, 즉 인사관리·학생관리·시설관리·재무관리 등에서는 학교 행정가와 교사가 보다 엄격한 결합을 맺고 있다. 따라서 학교는 수업과 관련해서는 느슨한 결합구조를 갖지만, 행정관리라는 보편적 조직관리 측면에서는 엄격한 결합구조를 갖는 이중적 측면이 있다.

Keyword

210 코헨과 마치(Cohen & March)가 주장한 교육 조직의 조직화된 무질서(organized anarchy)의 특징과 관련이 가장 적은 것은? (03 중등)

① 학교 구성원들의 참여가 유동적이고 간헐적이다.
② 교육 조직의 목적은 구체적이지도 명료하지도 않다.
③ 학교의 각 하위 체제들은 수직적인 위계 특성을 지니고 있다.
④ 학교운영 기술뿐만 아니라 교수 학습 기술이 분명하지 않다.

211 〈보기〉와 같이 학교조직의 특성을 파악할 때, 가장 부합하는 조직 유형은? (06 초등)

> 학교의 목적은 구체적이지도 않고 분명하지도 않다. 비록 그 목적이 명료하게 표방되어 있다고 하더라도 그 해석은 사람마다 다르며, 그것을 달성할 수단과 방법도 분명하게 제시하기 어렵다. 또한 학교의 구성원인 교사들은 수시로 학교를 이동하며, 학생들도 일정한 시간이 지나면 졸업하여 학교를 떠나간다. 학교 조직은 이러한 특성으로 인해 여타 조직과 다른 특성을 나타낸다.

① 야생 조직(wild organization)
② 사육 조직(domesticated organization)
③ 관료 조직(bureaucratic organization)
④ 조직화된 무질서 조직(organized anarchy)

212 학교조직에 대한 학자들의 설명으로 옳지 않은 것은? (10 중등)

① 코헨(M. Cohen) 등에 의하면, 학교는 구성원들의 참여가 고정적이고 조직의 목표와 기술이 명확한 조직이다.
② 민츠버그(H. Mintzberg)에 의하면, 학교는 전문적 성격이 강하지만 관료적 성격도 동시에 지니는 전문적 관료제 조직이다.
③ 에치오니(A. Etzioni)의 순응에 기반한 조직 분류에 의하면, 학교는 규범적 권력을 사용하여 구성원들의 높은 헌신적 참여를 유도하는 규범 조직이다.
④ 파슨스(T. Parsons)의 사회적 기능에 따른 조직 분류에 의하면, 학교는 유형유지 조직에 속하며 체제의 문화를 유지하고 새롭게 하는 기능을 수행한다.
⑤ 와익(K. Weick)에 의하면, 학교는 조직 구조 연결이 자체의 정체성과 독립성을 가지고 있어서 다른 조직에 비해서 구조적으로 느슨하게 결합되어 있는 조직이다.

1) 동기 내용이론의 관계

Keyword

	Alderfer	Maslow	Herzberg	
고차원 욕구	성장	자아실현	동기	내적 동기
		존경		
↕	관계	사회적		↕
기본적 욕구		안전	위생	외적 동기
	생존	생리적		

2) 동기-위생이론(motivation-hygiene theory): 허즈버그(Herzberg)

동기요인(만족)	위생요인(불만족)
만족도가 높아지며 그때 성과가 높아지게 하는 요인	불만족은 줄이지만 만족도를 높이지는 못하는 요인
직무 자체나 개인의 정신적/심리적 요인	직무 외적 요인
성취감, 책임감, 재량권, 학생의 존경 칭찬이나 인정받을 기회 직무자체에 대한 도전성	보수, 근무조건, 기술적 감독, 지위 조직정책과 관리, 동료관계 직장의 안정성

3) 아지리스(Argyris)의 성숙-미성숙이론

① 미성숙-성숙이론은 X-Y이론과 연관된 것으로, X이론적 바탕의 관료적이고 전통적인 조직에서는 인간을 미성숙한 존재로 가정한다.

② 이러한 조직에서는 강압적 관리전략을 사용하여 개인의 성숙을 방해하고, 수동적이고 의존적인 행동을 장려하여 미성숙한 존재로 남게 한다.

③ 반면에 Y이론에 바탕을 둔 인간적인 조직에서는 조직구성원을 자발성, 책임감 목표지향성을 지닌 성숙한 인간을 가정한다.

---

213 매슬로우(Maslow)의 욕구위계이론상 욕구를 결핍 욕구와 성장욕구로 구분할 때, 성장 욕구에 해당하는 것은? (21 7급)

① 안전의 욕구　　　　② 소속과 애정의 욕구

③ 자존의 욕구　　　　④ 자아실현의 욕구

214 맥그레거(D. M. McGregor)의 Y이론을 지지하는 교육행정가의 행동으로 적절하지 않은 것은? (18 7급)

① 차등성과급을 이용하여 조직구성원의 동기를 조절하려고 한다.

② 조직구성원은 맡은 일을 수행하기 위하여 자기지시와 자기통제를 행사할 수 있다고 보고 지원한다.

③ 조직구성원의 잠재력이 원활하게 발휘될 수 있도록 지원한다.

④ 조직구성원에게 잠재하는 높은 수준의 상상력, 독창성, 창의성을 발휘할 기회를 부여한다.

215 허즈버그(Herzberg)의 동기위생이론에 비추어볼 때, 충족되는 경우에 교사의 직무만족감 증진에 가장 크게 기여하는 것은? (02 중등)

① 보수　　　　　　　② 근무조건

③ 학생의 존경　　　　④ 동료와의 관계

1) 브룸(Vroom)의 기대이론

사람은 사고와 이성을 지닌 존재로 자신의 행동의 결과가 가져다 주는 보상에 대한 기대와 가치를 주관적으로 평가하여 행동을 선택한다고 보았다.

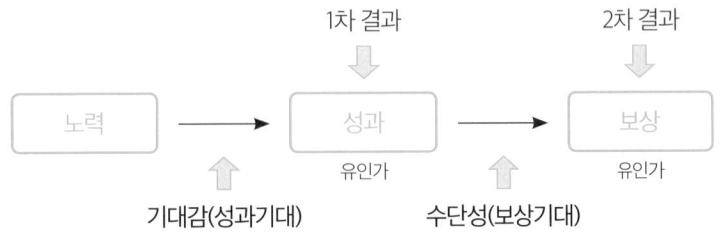

Keyword

2) 포터(Porter)와 로울러(Lawler)의 성취-만족이론

① 노력(effect)은 업무과정에서 발휘되는 조직구성원의 에너지를 의미한다. 노력의 크기와 양은 보상의 가치 및 기대감에 따라 달라질 수 있다.

② 성과(performance)는 조직의 목적 달성을 위한 업무 실행정도로서, 구성원의 노력, 능력, 특성, 역할지각 등에 의해 결정된다. 아무리 노력을 해도 기본적인 능력이 안된다면 높은 업무실적을 기대할 수 없다는 것이다.

③ 보상(rewards)은 개인의 업무 성과에 부여되는 대가로서 내재적 보상과 외재적 보상으로 나눌 수 있다. 내재적 보상은 정서안정, 자아실현, 성장욕구 등이고, 외재적 보상은 보수, 승진, 지위, 안전 등의 조직적인 강화요인이다.

④ 만족감(satisfaction)은 보상에 대한 개인의 욕구충족의 정도를 말한다.

3) 공정성이론: 아담스(Adams)

① 공정성이론은 개인이 타인에 비해 얼마나 공정한 대우를 받고 있다고 느끼는가에 초점을 맞춘 이론이다. 투입-성과 비율이 자신과 타인이 동등하다고 느낄 때 조직구성원은 공정한 거래를 하고 있다고 느끼고, 직무에 대한 만족감을 느끼게 된다.

② 공정성이론에 따르면 과대보상과 과소보상은 모두 불공정성을 자극한다. 즉, 조직구성원들은 부족한 보상에 불만족을 느끼고, 과도한 보상에 대해서 부담감을 지각하게 된다는 것이다. 따라서 불공정한 거래를 하고 있다고 느낄 때에는 직무에 불만족감을 갖고 공정성을 회복하기 위한 행동을 선택하게 된다.

4) 로크(Locke)의 목표설정이론(goal setting theory)

① 내적인 욕구보다 외부에서 명확한 목표가 설정될 때 더 강한 동기유발이 된다는 것을 전제한다.

② 쉬운 목표보다 높은 수준의 과업수행을 가져오며, 구체적이고 어려운 목표는 애매한 목표보다 더 높은 수준의 과업수행을 가져온다.

---

216 다음 설명에 해당하는 동기이론은? (19 지)

> • 동기 행동이 유발되는 과정에 초점을 맞춘다.
> • 유인가, 성과기대, 보상기대의 세 가지 기본 요소를 토대로 이론적 틀을 구축하였다.
> • 개인의 가치와 태도는 역할기대, 학교문화와 같은 요소와 상호작용하여 행동에 영향을 미친다고 가정한다.

① 브룸(V. H. Vroom)의 기대이론
② 허즈버그(F. Herzberg)의 동기 - 위생이론
③ 아담스(J. H. Adams)의 공정성이론
④ 알더퍼(C. P. Alderfer)의 생존 - 관계 - 성장이론

217 교사의 동기과정이론에 대한 설명으로 옳은 것은? (21 지)

① 목표설정 이론은 직무에서 만족을 주는 요인과 불만족을 주는 요인을 독립된 별개의 차원으로 본다.
② 공정성 이론은 보상의 양뿐 아니라 그 보상이 공정하다고 지각하는 정도가 만족을 결정한다고 본다.
③ 기대 이론은 동기를 개인의 여러 가지 자발적인 행위 중에서 자신의 선택을 지배하는 과정으로 본다.
④ 성과 - 만족 이론은 자신이 투자한 투입 대 결과의 비율을 타인의 그것과 비교하여 공정성을 판단한다고 본다.

218 동기 이론에 대한 설명으로 옳지 않은 것은? (15 7급)

① 아담스(Adams)의 공정성이론에 따르면 사람이 다른 사람과 비교해서 과소보상을 느끼면 직무에 시간과 노력을 더 많이 투입한다.
② 로크(Locke)의 목표설정이론에서는 대부분의 인간 행동은 유목적적이며 행위는 목표와 의도에 따라 통제되고 유지된다고 본다.
③ 브룸(Vroom)의 기대이론에서 유인가(valence)는 목표, 결과, 보상 등에 대해서 개인이 갖는 선호도를 말한다.
④ 허츠버그(Herzberg)의 동기 - 위생이론에 따르면 동기추구자는 욕구체계에서 주로 성취, 인정, 발전 등 상위 욕구에 관심을 둔다.

1) 상황적응 지도성이론: 피들러(F. Fiedler)

① 상황적합이론(contingency theory)에 따르면, 효과적인 지도성이란 상황에 따라서 달라질 수 있다.
② Fiedler는 과업의 성공적인 성취를 중시하는 과업지향형(task motivated) 지도성과 좋은 인간관계를 중시하는 관계지향형(relationship motivated) 지도성을 제시하였다.
③ 조직의 효과성은 지도자와 그가 지도성을 발휘하는데 상황의 호의성 여부가 어떻게 결합되느냐에 따라 좌우된다.
④ 상황의 호의성이란 지도자가 조직 구성원들을 통제하고 영향력을 발휘할 수 있는 정도를 나타낸다.
⑤ 상황의 호의성은 지도자 구성원 관계(양호>불량), 과업구조화(구조적<비구조적), 지도자 지위권력(강<약) 등 세 가지 요인에 의해 영향을 받는다.

2) 상황적 지도성이론: 허시(Hersey)와 블랜차드(Blanchard)

① 지도자의 행동은 사회적 맥락에 따라 유동적이고 지도성의 효과도 다르다.
② 조직구성원의 성숙 수준을 고려하여 효과적인 지도성 유형을 제시하였다.
③ 직무 성숙도(job maturity)와 심리적 모형에서 지도성의 효과성을 좌우하는 것은 상황과 적절한 지도성 유형의 결합에 따른다.
④ 기본적인 지도성 행동에는 성숙도의 수준에 따라서 지시형(directing), 지도형(coaching), 지원형(supporting) 그리고 위임형(delegating) 등이 있다.

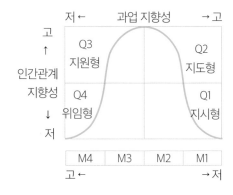

Keyword

219 피들러(Fiedler)의 리더십 상황 이론에서 강조하는 '상황' 요소에 포함되지 않는 것은? (21 국)

① 구성원의 성숙도
② 과업의 구조화 정도
③ 지도자와 구성원의 관계
④ 지도자가 구성원에 대해 가지고 있는 영향력의 정도

220 허시(Hersey)와 블랜차드(Blenchard)의 지도성 유형에 대한 설명으로 옳은 것은? (17 7급)

① 참여형(participating) – 높은 과업행동과 낮은 관계행동에 적합하다.
② 위임형(delegating) – 낮은 과업행동과 높은 관계행동에 적합하다.
③ 설득형(selling) – 높은 과업행동과 높은 관계행동에 적합하다.
④ 지시형(telling) – 낮은 과업행동과 낮은 관계행동에 적합하다.

221 다음 송 장학사의 진술에서 피들러(F. Fiedler)의 상황적 지도성 모형에 근거할 때, '상황' 요소에 해당하는 내용으로 옳은 것만을 있는 대로 고른 것은? (13 중등)

> 송 장학사는 A중학교의 학교경영 컨설팅 의뢰에 따라 학교를 방문하여 학교 현장을 분석하고 그 결과를 다음과 같이 진술하였다. A중학교는 ⊙ 교장과 교사가 서로 신뢰하며 존중하고 있었다. ⓒ 교사들은 교육에 대한 열의가 높았고, 업무 능력도 탁월했다. 또한 ⓒ 교사들의 관계도 좋은 편이었다. ⓔ 교사들이 학교에서 하는 업무들은 구조화·체계화되어 있었고, ⓜ 교장이 교사들에게 행사할 수 있는 지위권력 수준은 낮은 편이었다.

① ⊙, ⓔ, ⓜ
② ⓒ, ⓒ, ⓔ
③ ⓒ, ⓔ, ⓜ
④ ⊙, ⓒ, ⓒ, ⓜ
⑤ ⊙, ⓒ, ⓔ, ⓜ

1) 바스(Bass, 1985)의 변혁적 지도성

① 이상화된 영향력(idealized influence): 구성원으로부터 신뢰와 존경을 받고 동일시와 모방의 대상이 되어 이상적인 영향력을 행사한다.

② 영감적 동기화(inspirational motivation): 구성원들로 하여금 조직의 과업이 달성되고 발전할 수 있다는 기대와 도전감을 갖도록 하며, 비전을 공유하도록 구성원을 동기화시킨다.

③ 지적 자극(intellectual stimulation): 기존 상황에 대해 새롭고 개방적인 방식으로 접근함으로써 구성원들이 혁신적이 되고 창의적이 되도록 자극한다.

④ 개별화된 배려(individualized consideration): 구성원들의 개인적 성장 욕구에 관심을 보이며, 지원적 분위기에서 학습기회를 제공하여 그들의 잠재력을 발전시키고자 한다.

2) 분산적 지도성(Gibb): 공유, 공동책임

① 최근 학계의 주목을 받고 있는 분산적 지도성(distributed leadership)은 지도성에 대한 중앙집권적 사고를 부정하는 것으로 부터 출발한다.

② 분산적 지도성이란 지도성 과업이 개별 지도자의 능력에 의해 성취되는 것이 아니라 다중적인 환경적 요인과 상황, 환경 내의 인공적 장치들에 의해서 분산적으로 이루어진다는 것이다.

3) 초우량 지도성: 만즈(Mans)와 심스(Sims)

① 조직의 지도자가 구성원 개개인을 지도자로 성장, 변화시키는 지도성이다.

② 조직 구성원 각자가 스스로를 통제하고 자신의 삶에 진정한 주인이 될 수 있도록 자율적 지도성을 계발하는 데 중점을 두는 지도성의 개념이라 할 수 있다(주삼환 외, 2003).

③ 슈퍼 지도성은 흔히 지도자의 지도자를 만드는 지도성으로 이해되기도 한다.

4) 문화적 리더십: 서지오바니(Sergiovanni)

① 독특한 학교문화를 창출하는 것에서 나오는 리더십으로 지도자는 학교로 하여금 독특한 정체성을 갖게 만드는 가치와 믿음, 그리고 관점을 창조·강화·유지하는 것을 중요시하고, 이를 통해 전통을 만들고 무용담을 수행한다고 할 수 있다.

5) 수업지도성 (서지오바니는 교육지도성)

① 수업지도성이란 "학교의 기술적인 핵심영역(technical core)인 교수와 학습(teaching and learning)의 증진을 강조하는 특별한 형태의 지도성을 말한다.

② 구체적으로 수업지도성은 교육과정 내용, 교수방법, 평가전략 그리고 학업성취를 위한 문화규범과 같은 요인들을 변화시키려는 노력이다.

Keyword

222 다음에 제시된 A교장의 지도성 행위를 가장 잘 설명해주는 이론은? (05초등)

> - 교사들에게 학교경영의 비전을 제시하고 사명감을 고취시킨다.
> - 교사 개인의 능력, 배경, 필요에 대해 민감하고 세심한 관심을 기울인다.
> - 일상적 수업, 생활지도, 학급경영의 의미를 새롭게 해석해보도록 지적으로 자극한다.
> - 근무평정과 성과급 등 보상을 통한 교환관계를 초월하여 인격적 감화를 통해 영향력을 행사한다.

① 지도자 특성이론   ② 지도성 행위이론
③ 상황적 지도성이론   ④ 변혁적 지도성이론

223 변혁지향적 리더십 이론을 바르게 설명한 것은? (03 초등)

① 지도성 이론에서 상황이론은 변혁지향적 리더십 이론에 속한다.
② 구성원 각자가 스스로를 이끌 수 있도록 만드는 리더십을 말한다.
③ 지도자가 구성원들의 조직 문제에 대한 인식 수준을 끌어올리기 위해 노력한다.
④ 지도자가 조직의 성과를 향상시키기 위해 구성원이 원하는 다양한 보상을 제공한다.

224 〈보기〉와 같은 요건을 강조하는 학교장의 지도성 유형은? (02 초등)

> - 도덕적 품성   - 인간에 대한 신뢰
> - 변화 선도   - 솔선수범
> - 지적 자극의 제공

① 변혁 지향적 지도성   ② 상황 적응적 지도성
③ 인화 중심 지도성   ④ 과업 중심 지도성

1) 도덕적 지도성: 서지오바니(Sergiovanni)

① 지도자의 개인적인 자질에 기반을 둔 영향력으로 타인으로부터의 존경이나 동일시 대상으로서 구성원에게 영향을 미치게 되는 지도성을 말한다.

② 학교의 교육상황에서 도덕적 지도성의 발휘는 학교장을 비롯한 교사들이 학생들에게 먼저 도덕적인 모범을 보임으로써 학생의 행동에 자연스럽게 영향을 줄 수 있어야 한다.

③ 학교의 네 가지 유형

예 ↑ 선의 ↓ 아니오	I 도덕적인 학교	II 도덕적이고 효과적인 학교
	III 비도덕적이고 비효과적인 학교	IV 정략적인 학교

아니오 ← 성공 → 예

2) 감성 리더십: 골만(Goleman)

① 지도자가 자신이 가지고 있는 감성적이고 사회적인 능력을 개발하고, 구성원들의 감성을 이해하고 배려함과 동시에 비전을 제시하고 자연스럽게 조직구성원들에게 영향력을 행사하는 것이다.

② 감정이입이 잘되는 리더는 직원들이 무엇을 필요로 하는지 느낄 수 있고, 그들이 말하고자 하는 바를 잘 이해할 수 있으며, 그들의 반응을 섬세하게 읽을 수 있다.

③ 구성요인으로는 개인역량(자기인식능력, 자기관리능력)과 사회적 역량(사회적 인식능력, 관계관리능력)으로 나눌 수 있다.

④ 자기인식능력(self-awareness): 자신의 강점과 한계, 가치와 동기, 목적뿐만 아니라 감정에 대한 깊은 이해

⑤ 자기관리능력(self-management): 자신의 감정을 이해하고 타인의 목적을 분명히 아는 것으로 모든 리더가 목표 성취를 위해 필요한 노력이다.

⑥ 사회적 인식능력(social awareness): 다른 사람의 감정을 명확하게 인식하는 능력

⑦ 관계관리능력(relationship management): 다른 사람과의 사회적 관계를 효과적으로 관리하는 능력

Keyword

225 다음은 서지오바니(Sergiovanni)의 도덕적 지도성 이론에 따라 분류한 네 가지 학교 유형이다. (가)에 해당하는 것은? (24 지)

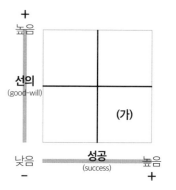

① 도덕적인 학교
② 정략적인 학교
③ 도덕적이고 효과적인 학교
④ 비도덕적이고 비효과적인 학교

1) 합리모형(rational model): 리츠(Reitz)

① 모든 대안을 포괄적으로 탐색 평가하여 조직의 목표와 목적의 달성을 극대화할 수 있는 가장 합리적인 대안을 선택할 수 있다고 보는 입장이다.
② 너무 이상적이고 비현실적인 모형이라고 평가

2) 만족모형(satisfying model): 시몬(Simon)

① 인간이 가지는 한계를 인식하고 인간의 사회심리적인 측면을 고려하여 의사결정 시 최적의 대안을 선택하기보다는 만족할 만한 대안을 선택한다는 것을 강조하는 모형이다.
② 혁신 또는 창의적인 문제해결방안을 기대하기가 어렵다.

3) 점증모형(incremental model): 린드블롬(Lindblom)

① 의사결정 시 현실을 긍정하고 이전의 상태보다 다소 향상된 대안을 추구하는 모형
② 보수적이고 소극적이라는 비판을 받고 있다.

4) 혼합모형 = 합리 + 점증

① 혼합모형은 합리모형과 점증모형의 약점을 보완하여 전자의 이성적 요소와 후자의 현실적·보수적 특성을 적절히 혼합해 의사결정이 이루어진다고 보는 입장

5) 최적모형: 드로어(Dror)

① 정책결정이 합리성에만 근거해서 이루어지는 것은 아니며, 때때로 직관 등 초합리성이 개입되어 이루어짐을 주장한 모형이다.

6) 쓰레기통모형: Cohen, March, 조직화된 무질서(무정부)

① 학교 조직의 의사결정은 다양한 문제와 해결 방안들 사이의 혼란스러운 상호작용 속에서 비합리적이고 우연적 방식으로 이루어진다.
② 조직의 목적은 사전에 설정되는 것이 아니라 자연스럽게 나타난다.
③ 문제와 해결책이 조화를 이룰 때 좋은 의사결정이 이루어진다.
④ 높은 불확실성을 경험하고 있는 조직에서 가장 많이 일어나는 정책결정 모형이다.

Keyword

226 교육정책 결정 모형에 대한 설명으로 옳은 것만을 〈보기〉에서 있는 대로 고른 것은? (13 중등)

> ㄱ. 쓰레기통모형(garbage-can model)은 조직화된 무질서(organized anarchies) 상태에서 정책 결정이 우발성에 기초하여 이루어지고 있음을 강조한 모형이다.
> ㄴ. 점증모형(incremental model)은 합리모형의 비현실성을 극복하기 위해 제안된 것으로, 기존의 정책 틀을 기반으로 하여 현재보다 다소 개선된 수준의 대안을 선택해 나가는 모형이다.
> ㄷ. 최적모형(optimal model)은 정책 결정이 합리성에만 근거해서 이루어지는 것은 아니며, 때때로 직관 등 초합리성이 개입되어 이루어짐을 주장한 모형이다.
> ㄹ. 혼합모형(mixed-scanning model)은 정책 결정을 기본적인 결정과 세부적인 결정으로 나누고 전자는 합리모형을, 후자는 만족모형을 활용하는 모형이다.

① ㄱ, ㄷ   ② ㄱ, ㄴ, ㄷ   ③ ㄱ, ㄴ, ㄹ
④ ㄴ, ㄷ, ㄹ   ⑤ ㄱ, ㄴ, ㄷ, ㄹ

227 다음과 같은 내용을 간과하고 있다고 비판받는 교육정책결정 모형은? (09 초등)

> • 인간은 감정을 가진 심리적·사회적 동물이다.
> • 실제 교육정책결정 상황에서는 가치와 사실이 불가분의 관계에 있다.
> • 인간은 전지전능하지 못하고 문제 분석 능력에 한계를 가질 수밖에 없다.
> • 대안을 과학적으로 비교 평가하는 데 요구되는 정보를 충분히 구하지 못하는 경우가 많다.

① 점증 모형   ② 혼합 모형   ③ 만족화 모형
④ 합리성 모형   ⑤ 쓰레기통 모형

1) 교육기획의 접근방법

① 사회수요접근법: 국민이 교육받을 수요가 얼마나 되느냐에 기초하여 교육기획을 수립

② 인력수요접근법: 일정한 시점에서 소요되는 인력을 추정하여 교육계획을 수립. 장래 일정한 시점에 산업부문별로 얼마의 인력이 필요한가를 추정하여 계획을 세우는 방법

③ 수익률접근법: 교육에 대한 투자의 효율성을 분석하는 접근법으로 교육에 대한 투자와 이의 성과를 측정하는 방법

④ 국제비교에 의한 접근법: 국가의 교육계획을 수립하면서 타 국가의 교육계획을 참고하는 방법이다. 보편적으로 후발국이 발전된 나라의 교육계획을 모방하는 방법

⑤ 미래예측기법: 다양한 접근방식에 따라 다양한 방법으로 발전되고 있다. 현재 미래예측을 위한 접근방식은 탐구적 예측, 규범적 또는 예언적 예측, 직관적 예측으로 분류할 수 있다. 탐구적 예측은 과거에서 현재까지의 역사에서 출발하여 미래의 전망이나 발전 등을 추계하는 미래예측방법이고, 규범적 예측은 이상적인 미래상을 설정하고 현재를 이상적인 미래상으로 연결시키는 길을 모색하는 것으로서 가치지향적인 가정에 근거한다. 직관적인 예측은 주로 전문가 또는 기획과 정책결정담당자들이 직관적 판단에 의해 미래를 투시하는 방식이다. 이 방식들 중 교육분야의 기획에 적용이 비교적 용이하다고 할 수 있는 시계열 분석과 델파이 기법이 있다.

Keyword

2) 교육정책 형성 관점

구분	합리적 관점	참여적 관점	정치적 관점	우연적 관점
중심개념	목표 달성을 극대화하는 선택	합의에 의한 선택	협상에 의한 선택	선택은 우연적 결과
의사결정의 목적	조직목표 달성	조직목표 달성	이해집단의 목표달성	상징적 의미의 목표달성
적합한 조직형태	관료제, 중앙 집권적 조직	전문적 조직	대립된 이해가 존재하고 협상이 용이한 조직	달성한 목표가 분명하지 않은 조직
조직환경	폐쇄체제	폐쇄체제	개방체제	개방체제
특징	규범적	규범적	기술적	기술적

228 교육을 받고자 하는 모든 사람에게 교육의 기회를 부여해야 한다는 원칙에 가장 부합하여 이루어지는 교육기획 접근은? (09 7급)

① 사회수요에 의한 접근
② 인력수요에 의한 접근
③ 수익률에 의한 접근
④ 국제비교에 의한 접근

229 교육기획의 접근방법 중 사회수요에 의한 접근법(social demand approach)에 대한 설명으로 가장 적절한 것은? (13 7급)

① 사회의 교육적 수요에 부응함으로써 정치 · 사회적 안정과 불만 해소를 도모할 수 있다는 장점이 있다.

② 1960년대 인적자본론의 영향으로 특히 개발도상국에서 유행하였던 방법으로서 교육과 취업, 경제성장을 긴밀하게 연계하려고 하였다.

③ 목표연도의 경제성장에 필요한 인력수요를 추정한 다음 그것을 교육자격별 인력수요 자료로 전환하는 과정을 거친다.

④ 국가나 개인이 투입한 교육비용이 얼마나 수익을 가져왔느냐를 분석할 수 있기 때문에 비용 - 수익 분석이라고도 한다.

230 다음 설명에 해당하는 의사결정의 관점은? (19 7급)

- 관료제적 조직보다는 관련자의 능력과 자율이 보장되는 전문직 조직에 더 적합하다.
- 소규모 조직이나 대규모 조직 산하 전문가 집단의 결정 행위를 분석하는 데 적합하다.
- 공동의 가치에 대한 인식, 전문가의 식견에 대한 신뢰 등이 전제되고 있다.

① 참여적 관점
② 정치적 관점
③ 우연적 관점
④ 합리적 관점

1) 개념

① 조하리의 창은 자아개방(self-disclosure)과 피드백이라는 두 가지 개념을 설명하기 위해 Joseph Luft와 Harry Ingham에 의해 고안된 의사소통 기법이다.

② 자아개방이란 자신의 입장을 분명하게 보여 주고 남에게 자신을 보여 줌으로써 타인으로 하여금 나를 알 수 있도록 하는 행위를 말하며,

③ 피드백은 나에 대한 정보를 타인을 통해 얻게 되는 행위를 뜻한다.

④ 인간은 누구나 자기 자신에 대한 정보를 알고 있는 부분도 있고 그렇지 못한 부분도 있다. 또한 자신에 대한 정보가 타인에게 잘 알려져 있는 부분도 있고 그렇지 못한 부분도 있다. 이들의 결합관계에 따라 인간은 다른 사람과 의사소통을 할 때 영향을 주는 자신에 관한 네 가지 종류의 정보에 대해 알 수 있다. 구체적으로, 조하리의 창을 통해 인간은 자기 인식의 수준과 타인으로부터의 수용의 정도를 알 수 있다.

2) 4가지 조하리의 창 영역

- 드러난 영역(open area): 이 영역은 자기 자신에 대하여 본인은 물론이고 타인에게도 잘 알려진 영역이다. 즉, 자신에 관한 정보가 본인과 타인 모두에게 잘 알려져 있기 때문에 인간관계가 좋고 갈등이 적다. 자신에 관하여 많이 알고, 타인과 개방적이며, 이런 사람을 '민주형'이라 한다.
- 못 보는 영역(blind area): 이 영역은 자기 자신에 대하여 타인은 알고 있는데 정작 본인은 모르고 있는 영역이다. 예를 들면, 타인들은 자신을 거만하고 비사교적인 사람으로 인식하고 있는데, 당사자는 자신을 친절하고 개방적인 사람으로 인식하고 있는 경우가 이에 해당된다. 자신이 가지고 있는 좋지 않은 습관, 버릇, 행동 특성들을 본인은 모를 수 있지만 남들은 그것들에 의하여 고통을 받거나 기분이 상할 수 있다. 이 영역을 좁힘으로써 자신의 행동을 많이 변화시킬 수 있는 기회를 만들 수 있다. 이를 위해서는 타인들로부터 피드백을 많이 받을 필요가 있다.
- 숨겨진 영역(hidden area): 이 영역은 자기 자신에 대하여 본인만이 알고, 타인은 전혀 모르고 있는 영역이다. 마음의 문을 닫고 자기에 관해서 남에게 내보이지 않는 경우가 여기에 해당된다. 이 영역에는 남에게 노출을 꺼리는 감정, 과거의 일, 실수, 약점 등이 포함될 수 있다. 다만, 이런 비밀에 대해서 죄의식 같은 것을 느낄 필요는 없다. 왜냐하면 누구나 개인적인 생각, 감정, 경험들을 숨길 수 있는 권리를 가지고 있기 때문이다.
- 모르는 영역(unknown area): 이 영역은 자신에 대해서 자기 자신도 모르고 타인도 모르는 영역이다. 본인을 포함해서 어느 누구도 어떤 개인을 완전히 알 수는 없기 때문에 이 영역은 결코 없어지지 않는다.

[조하리의 창]

	자신에게 알려진 영역	자신에게 알려지지 않은 영역
타인에게 알려진 영역	개방(open)	무지(blind)
타인에게 알려지지 않은 영역	은폐(hidden)	미지(unknown)

Keyword

231 조하리(Johari)의 창에 따른 의사소통 모형에서 다음에 해당하는 것은?

(24 국)

- 마음의 문을 닫고 자기에 관해서 남에게 노출하기를 원치 않는다.
- 자기의 생각이나 감정은 표출시키지 않으면서 상대방으로부터 정보를 얻기만 하려고 한다.
- 자기 자신에 대하여 다른 사람들은 전혀 모르고 있고, 본인만이 알고 있는 정보로 구성되어 있다.

① 개방(open) 영역　　　　② 무지(blind) 영역

③ 미지(unknown) 영역　　④ 은폐(hidden) 영역

1) 약식 장학: 평상시에 교장 및 교감의 계획과 주도하에 이루어지는 것으로, 다른 장학형태의 보완적인 성격을 지닌다.

2) 임상 장학(마이크로 티칭과 비교!)

① 학급 내에서 수업의 질을 개선하기 위한 것으로, 교사와 학생 사이에서 이루어지는 상호작용에 초점을 둔다.

② 장학 담당자와 교사의 지속적이며 성숙한 상호관계성의 형성과 유지가 성공적인 임상 장학의 전제조건이며, '관찰 전 계획 → 수업 관찰 및 협의회 → 수업 관찰 후 평가'라는 순환적인 단계로 이루어진 체계적인 과정이라고 할 수 있다.

3) 동료 장학

① 수업전략을 개발하기 위한 것으로, 교사 간에 상호협력하는 장학형태이다. 인적자원 활용의 극대화라는 측면에 장점이 있다.

② 임상장학은 동시에 여러 교사에게 적용할 수 없다는 한계가 있다. 그리하여 더 많은 교사에게 임상장학을 실시하기 위한 대안으로 나타난 것이 동료장학이다.

4) 자기 장학: 교수활동의 전문성을 반영한 장학형태이다. 자신의 수업을 녹화하여 분석·평가하거나 대학원에 진학하여 전공 교과 또는 교육학 영역의 전문성을 신장한다.

5) 학교 컨설팅

① 학교 교육을 개선하기 위해 일정한 전문성을 갖춘 사람들이 학교와 학교 구성원의 요청에 따라 제공하는 독립적인 자문 활동으로서 경영과 교육 문제를 진단하고, 대안을 마련하며, 문제해결 과정을 지원하고, 교육 훈련을 실시하며, 문제해결에 필요한 인적·물적 자원을 발굴하여 조직화하는 일이다.

② 6가지 학교 컨설팅 원리: 자발성, 전문성, 자문성, 한시성, 독립성, 학습성의 원리

6) 요청 장학: 개별학교의 요청에 의하여 해당 분야의 전문 장학 담당자를 파견하여 지도·조언하는 장학활동

7) 특별 장학: 특별한 문제가 발생하거나 발생이 우려될 때 해당 문제의 해결이나 예방을 위하여 필요한 지도, 조언을 하는 장학활동

8) 지구별 자율 장학: 지구별 자율 장학이란 지구 내 인접한 학교들 혹은 교원들 간에 교육활동의 개선을 위하여 상호협력하는 활동이라고 할 수 있다.

Keyword

232 장학에 대한 설명으로 가장 적절한 것은? (05 중등)

① 임상장학은 학교가 직면하고 있는 문제에 대한 전문적 진단과 처방에 초점을 둔다.

② 장학은 크게 보아 관리장학-협동장학-수업장학-발달장학으로 개념이 변해왔다.

③ 우리나라에서는 장학과업이 수준별로 전문화되어 체계적 장학활동이 이루어지고 있다.

④ 우리나라에서는 엄격한 훈련과 자격제도로 장학 전문직(장학사·장학관 등)을 양성하고 있다.

233 다음의 대화에서 세 교사가 언급하고 있는 장학지도 유형을 가장 바르게 짝지은 것은? (12 중등)

> 김 교사: 금년에 발령받은 최 교사는 수업의 질이 낮아 학생과 학부모의 불만이 많습니다. 그의 수업 전문성을 향상시키기 위해서는 전문성을 갖춘 교내 교원의 개별적 도움이 필요합니다. 최 교사의 수업을 함께 계획하고, 실제 수업을 관찰, 분석, 피드백 해줄 필요가 있습니다.
>
> 박 교사: 김 선생님, 저도 초임 때는 그런 경험이 있었어요. 이제 중견교사가 되고 보니 그 동안의 노력과 경험으로 수업에 대한 자신감이 생기긴 했어요. 그래도 더 좋은 수업을 위해 제가 필요하다고 생각하면 대학원에도 다니고 각종 연수에도 적극 참여하려고 합니다.
>
> 이 교사: 부족한 부분을 채워야 하겠다는 자발적 의지가 중요해요. 학교에서 일상적으로 이루어지는 장학 활동보다는 내가 모르는 것을 교내·외의 유능한 전문가에게 의뢰하고 체계적인 도움을 받았으면 해요. 때로는 누군가가 전문가를 소개해 주었으면 해요.

	김 교사	박 교사	이 교사
①	동료장학	자기장학	약식장학
②	동료장학	요청장학	컨설팅장학
③	임상장학	자기장학	컨설팅장학
④	임상장학	동료장학	자기장학
⑤	요청장학	약식장학	자기장학

사진 해설

번호	정답	번호	정답	번호	정답	번호	정답	번호	정답	번호	정답	번호	정답	번호	정답	번호	정답
001	③	029	①	057	①	085	③	113	③	141	②	169	②	197	③	225	②
002	②	030	④	058	①	086	④	114	①	142	①	170	④	198	④	226	②
003	④	031	⑤	059	③	087	①	115	①	143	③	171	②	199	③	227	④
004	②	032	④	060	③	088	②	116	⑤	144	②	172	①	200	②	228	①
005	④	033	⑤	061	③	089	②	117	①	145	③	173	③	201	⑤	229	①
006	②	034	③	062	③	090	⑤	118	④	146	④	174	④	202	①	230	①
007	②	035	①	063	②	091	④	119	④	147	①	175	③	203	③	231	④
008	①	036	①	064	①	092	④	120	①	148	③	176	②	204	④	232	②
009	④	037	④	065	②	093	②	121	②	149	①	177	①	205	③	233	③
010	③	038	③	066	①	094	①	122	④	150	③	178	①	206	③		
011	②	039	④	067	④	095	②	123	②	151	②	179	②	207	②		
012	①	040	①	068	③	096	③	124	④	152	①	180	④	208	④		
013	③	041	④	069	②	097	①	125	①	153	②	181	③	209	③		
014	②	042	②	070	①	098	②	126	④	154	②	182	②	210	③		
015	③	043	①	071	④	099	②	127	③	155	②	183	④	211	④		
016	②	044	③	072	①	100	④	128	④	156	④	184	①	212	①		
017	①	045	③	073	②	101	④	129	④	157	④	185	④	213	④		
018	①	046	③	074	④	102	④	130	②	158	②	186	③	214	①		
019	①	047	②	075	②	103	③	131	④	159	③	187	②	215	③		
020	③	048	③	076	③	104	③	132	④	160	②	188	⑤	216	①		
021	⑤	049	②	077	①	105	③	133	①	161	②	189	②	217	③		
022	②	050	④	078	③	106	①	134	①	162	③	190	①	218	①		
023	④	051	④	079	①	107	②	135	④	163	④	191	④	219	①		
024	②	052	③	080	①	108	②	136	⑤	164	③	192	①	220	③		
025	④	053	④	081	③	109	⑤	137	③	165	①	193	②	221	①		
026	④	054	③	082	②	110	②	138	②	166	④	194	③	222	④		
027	②	055	②	083	②	111	③	139	④	167	④	195	④	223	③		
028	②	056	②	084	①	112	①	140	⑤	168	①	196	③	224	①		

001 정답 ③

워커는 교육과정을 개발할 때 이론이나 논리를 따르기보다 교육과정 문제가 처한 특수하고 다양한 상황을 충분히 숙의할 것을 주문한다. 워커의 모형은 현장에서 이루어지는 자연스러운 교육과정 개발과정을 염두에 둔 것이다.

002 정답 ②

(가) 스펜서(H. Spencer)는 실생활을 향상시키는 데 기여하는 지식의 우선순위를 정하였으며, 삶과 건강을 위해서도, 생활에 필요한 재화를 얻기 위해서도, 자녀를 적절하게 기르기 위해서도 과학이 가장 효율적인 공부라고 주장하였다.

(나) 다양한 표현형식을 제공하는 예술이 교육과정에서 중요하게 취급되어야 한다고 주장한 학자는 아이즈너(E. W. Eisner)이다.

003 정답 ④

듀이(J. Dewey)는 아동의 흥미와 요구를 중심으로 교육과정을 구성할 것을 주장하였다.

004 정답 ②

교과 내용의 가치를 개인 생활의 의미와 사회적 유용성에서 찾는다. 생활적응 교육은 모든 청소년들로 하여금 스스로 만족스럽게 민주적으로 생활하면서 가족의 일원으로서, 직업인으로서, 또 시민으로서 사회를 위하여 유익한 일을 할 수 있도록 준비시키는 교육을 의미한다.

> TIP
> (1) 교과를 중심으로 하는 교육과정: 교과중심, 학문중심, 행동주의 교육과정
> (2) 학습자를 중심으로 하는 교육과정: 경험중심, 인간중심, 구성주의
> (3) 사회를 중심으로 하는 교육과정: 생활적응, 직업, 사회개조

005 정답 ④

교과중심 교육과정은 형식도야론을 이론적 토대로 두고 있으며 형식도야론은 ㄷ. 능력심리학(faculty psychology)에 이론적 기반을 둔다.

교과중심 교육과정은 ㄹ. 재미없고 어려운 교과를 힘들여 공부하는 이유를 정당화한다.

006 정답 ②

1) 듀이(J. Dewey)의 경험(Experience) 이론

경험의 논리적 측면은 교과 그 자체를 뜻하는 것이며, 경험의 심리적 측면은 학습자와의 관련 속에서 교과를 뜻하는 것이며 계속성과 상호작용 강조는 듀이이다.

2) 경험주의(empiricism): 인식론에 있어서, 모든 지식의 기원을 경험에 두고 경험적 인식을 절대시하는 학설.

① 단어나 개념이 가지고 있는 의미는 그것이 실제적인 경험과 연결되었을 때만 파악

② 어떤 명제(命題)나 신념의 정당성은 반드시 경험에 의존

③ 이성적인 것이 인식에 있어서 가장 중요하다고 보는 이성주의(理性主義)와는 반대

007 정답 ②

• 학문중심 교육과정

심화 · 반복 및 교과의 구조 학습과 탐구과정을 통해 일반화된 원리를 발견하는 학습을 강조한 것은 학문중심 교육과정이다.

008 정답 ①

• 인본주의 교육과정은 자아실현과 공감적 이해를 중시하였다.

ㄱ. 개인의 잠재적 능력 계발과 자아실현을 지향한다.

ㄷ. 교사와 학습자 간의 관계에서 존중, 수용, 공감적 이해를 중시한다.

• 직업교육과정: ㄴ. 사회가 요구하는 직업 능력을 갖춘 사회 구성원 양성을 주목적으로 한다.

• 행동주의 교육과정: ㄹ. 대표적인 학자로 메이거(R. Mager), 마자노(R. Marzano) 등이 있다

009 정답 ④

학교는 국가 수준 및 지역수준의 교육과정의 지침에 따라 편성 · 운영할 수 있다.

010 정답 ③

제6차 교육과정(1992~1997): 교육과정 결정의 분권화, 지역과 학교의 재량권 확대

011 정답 ②

제3차 교육과정은 '학문 중심 교육과정'을 표방하였다

012 정답 ①

제시문은 교육과정 결정의 분권화에 대한 내용이다.

013 정답 ③

잠재적 교육과정과 관련된 학자는 잭슨(Jackson)이다.

014 정답 ②

학교 환경과 교육활동을 의도적으로 조직 · 통제하는 행위와 결과는 포함된다. 잠재적 교육과정의 부정적인 현상은 학교교육의 우연적인 결과라기보다는 누군가에 의해 고의적으로 '의도'된 것이라는 시각으로 보는 것은 애플(M. Apple), 지루(H. Giroux)의 잠재적 교육과정(hidden curriculum) 관점이다.

015 정답 ③

'수업시간에 배운 한자를 30번씩 써 오라는 숙제 때문에 한문을 싫어하게 되었다.'

016 정답 ②

영 교육과정은 아이즈너(E. W. Eisner)의 주장이다.

017 　　　　　　　　　　　　　　　　　　　정답 ①

일본의 역사교과에서 한국 침략 내용을 의도적으로 배제한 것을 영 교육과정(Null Curriculum)이라 한다.

018 　　　　　　　　　　　　　　　　　　　정답 ①

제시문에서 배제된 교육과정을 영 교육과정(Null Curriculum)이라 한다.

019 　　　　　　　　　　　　　　　　　　　정답 ①

지식의 구조는 브루너의 이론이다.

020 　　　　　　　　　　　　　　　　　　　정답 ③

타일러(R. Tyler)의 교육목표 설정 절차는
ⓒ 학습자, 사회, 교과의 세 자원을 조사 · 연구한다.
㉠ 잠정적인 교육목표를 진술한다.
ⓛ 교육철학과 학습심리학이라는 체에 거른다.
ⓔ 행동의 변화를 명시한 최종 교육목표를 진술한다.

021 　　　　　　　　　　　　　　　　　　　정답 ⑤

• 다성과의 원리: (가) 학습활동을 선택할 때는 여러 가지 목표를 동시에 달성하는 데 도움이 되는 활동을 선택하도록 한다.
• 다경험의 원리: (나) 한 가지 교육목표를 달성하는 데는 여러 가지 활동이 있으므로 다양한 학습활동을 선정하도록 한다.
• 기회의 원리: (다) 특정 교육목표를 달성하기 위해 그 목표 달성에 필요한 활동을 학습자 스스로 해볼 수 있도록 한다.

022 　　　　　　　　　　　　　　　　　　　정답 ②

• 유용성의 원리
  타일러(Tyler)가 제시한 학습경험을 효과적으로 조직하는 원리는 계열성, 계속성, 통합성의 원리이다.

023 　　　　　　　　　　　　　　　　　　　정답 ④

타일러(R. W. Tyler)의 교육과정 이론이 교육과정에 대해 기계적이고 절차적인 모형이라는 비판을 받았다.

024 　　　　　　　　　　　　　　　　　　　정답 ②

타일러(R. Tyler)는 교육의 과정에서 형성되는 사회적 관계, 가치갈등 등에 주목하지 않았다.

025 　　　　　　　　　　　　　　　　　　　정답 ④

타일러(R. W. Tyler)의 교육과정 개발 모형은 교육목표 달성을 지나치게 강조하였다는 비판을 받고 있다.

026 　　　　　　　　　　　　　　　　　　　정답 ④

• 타바(H. Taba)의 교육과정 개발 모형은
  ㄱ. 귀납적 접근 방법을 사용하였다.
  ㄴ. 요구 진단 단계를 설정하였다.
  ㄷ. 내용과 학습경험을 구별하여 개발 단계를 설정하였다.
  ㄹ. 반응평가모형을 제안한 학자는 스테이크(Stake)이다.
Stake의 반응적 평가모형은 평가자와 인사와의 지속적인 상호작용을 통해서 서로의 요구를 맞추어서 평가의 과정을 창조해가는 모형이다.

027 　　　　　　　　　　　　　　　　　　　정답 ②

• 타일러(R. Tyler)가 주장한 내용은
  ㄱ. 교육목표에 기초하여 교육경험(학습경험)을 선정, 조직해야 한다.
  ㄹ. 교육목표에는 학생이 성취해야 할 행동, 그리고 삶의 내용 또는 영역이 포함되어야 한다.
  ㄴ. 교육목표는 인지적 영역, 정의적 영역, 심동적 영역으로 구분되어야 한다.는 블룸의 주장이다.
교육목표에 기초하여 계속성, 계열성, 통합성의 원리에 따라 교육과정을 조직한다.

028 　　　　　　　　　　　　　　　　　　　정답 ②

'비례 대표제의 장점과 단점을 열거할 수 있다.'와 같이 '~할 수 있다'로 표현한다.

029 　　　　　　　　　　　　　　　　　　　정답 ①

가, 나, 다
라. '학습자의 도착점 행동과 그 상황도 제시하여야 한다.'는 메이거의 주장이다.

030 　　　　　　　　　　　　　　　　　　　정답 ④

삼투압의 원리를 실생활에 적용한다.
인지적 영역은 - '지식, 이해, 적용, 분석, 종합, 평가' 순으로 ①~②는 지식의 수준으로 ③은 이해의 수준으로 ④ 적용으로 가장 상위의 수준이다.

031 　　　　　　　　　　　　　　　　　　　정답 ⑤

타일러(R. W. Tyler)는 (가) 학생의 입장에서 교육목표를 진술해야 한다고 하였으며 (나) 내용과 행동으로 이원적 목표로 진술할 것을 강조하였다.
블룸(B. Bloom)은 교육목표를 (다) 행동의 차원으로 분류하였다.

032 　　　　　　　　　　　　　　　　　　　정답 ④

정의적 영역 목표의 분류 준거는 내면화 수준이다.

033 　　　　　　　　　　　　　　　　　　　정답 ⑤

구체적인 목표 없이 수업을 시작하여 수업 활동 중 혹은 종료 후 결과적으로 얻게 되는 것을 '표현적 결과(expressive outcomes)'라 한다.

034 정답 ③

• 문제 해결 목표
문제 해결 목표란 문제와 문제해결에 필요한 조건만 가지고 해당 조건을
충족시키면서 문제를 해결하는 것을 말한다.

035 정답 ①

모든 목표는 관찰 가능한 행동적 용어로 진술될 수 없다고 주장하였다.

036 정답 ①

• 숙의
ㄱ. 대안들의 예상되는 결과를 검토하기
ㄴ. 교육과정 개발의 목적과 그것을 달성하기 위한 방법을 확인하기
• 토대
ㄷ. 교육과정 개발 참여자들이 갖고 있는 개념, 이론, 목적 등에 관한 공감
대 형성하기
• 설계
ㄹ. 교육과정을 구성하는 교과의 선정, 수업방법이나 자료 등을 확정하며,
이를 위한 행·재정적 지원 절차 등을 계획하기

037 정답 ④

개발 참여자들의 기본 입장이 제시되는 강령(platform)이 중요한 요소이다.
• 타일러: ① 합리적·처방적 교육과정 개발 모형에 속한다.
• 위긴즈와 맥타이: ② 학업성취 향상을 위해서 역행설계(backward design)
방식을 취한다.
• 타일러: ③ 교육과정 개발 절차를 준수할 것과 그 절차의 직선적 계열성을
강조한다.
• 스킬벡: ⑤ 개발 과정이 5단계로 구분되어 있고, 어느 단계에서도 개발을
시작할 수 있다.

038 정답 ③

현실적인 대안을 찾아내는 단계는 숙의(deliberation)단계이다.

039 정답 ④

• 스킬벡(M. Skilbeck)의 모형(SBCD) 단계
① 상황 분석(analyse the situation): 외적 요인으로는 문화적·사회적 변
화, 학부모 요구 및 기대, 지역사회의 가치, 부모와 자녀간 관계의 변화,
이데올로기, 교과 성격의 변화 등이다. 내적 요인으로는 학생의 적성,
능력, 교육적 요구와 교사의 가치, 태도, 기능, 지식, 경험, 강점 및 약점,
역할, 학교 풍토 및 정치적인 구조 등이다.
② 목표 설정(define objectives)
③ 프로그램 구성(design the teaching-learning programme)
④ 해석과 실행(interpret and implement the programme)
⑤ 모니터링·피드백·평가·재구성(assess and evaluate)

040 정답 ①

• 이해중심교육과정(백워드 설계)
- 1단계: 바라는 결과 확인하기,   - 2단계: 수용 가능한 증거, 결정하기
- 3단계: 학습경험 계획하기

041 정답 ④

가장 낮은 수준의 이해는 설명이며, 가장 높은 수준의 이해는 자기지식이다.

042 정답 ②

ㄱ, ㄹ
재개념주의 교육과정 연구에서는 양적 접근보다는 질적 접근을 중시하며 개
발보다 이해나 해석에 초점을 맞춘다.

043 정답 ①

재개념주의는 학생들을 둘러 싼 생활 세계를 존중한다.

044 정답 ③

"교육과정은 그 어원인 '쿠레레(currere)'에 복귀해야 한다."라는 주장은 재개
념주의로 교육 경험을 통한 개개인의 의미형성 과정을 강조한다.

045 정답 ③

학년 간 교육내용의 반복성을 강조하는 교육과정 조직의 원리는 계속성이다.

046 정답 ③

내용을 얼마나 깊이있게 배워야 하는가를 결정하는 것은 범위(scope)의 원
리이다.

047 정답 ②

계열성(sequence)은 구체적인 것에서 추상적인 것으로 교육내용을 순차적
으로 조직한다.

048 정답 ③

스크리븐(Scriven)은 프로그램이 의도했던 효과도 평가하고 부수적인 효과
도 평가하였다.

049 정답 ②

목표 달성 여부 확인은 타일러 모형, 의사결정을 돕는 평가는 스터플빔 모형,
부수적인 효과의 평가는 스크리븐의 모형이다.

050 정답 ④

신체와 정서 발달은 상호 영향을 미친다.

051 정답 ④

④는 피아제(Piaget)의 견해이다.

052 정답 ③

⊙ 동화: 자신의 기존 도식에 맞추어 새로운 지식이나 정보를 수용하는 것

ⓛ 비평형화: 인지적 갈등

ⓒ 조절: 자신의 기존 도식을 새로운 지식이나 정보에 부합되도록 변화시키는 것

053 정답 ④

• 구체적 조작기: ㄴ. 서열화와 분류가 가능하다.
　　　　　　　　ㄹ. 가역적 사고가 가능하다.

• 전조작기: ㄷ. 상징을 형성하고 사용하는 능력이 발달하기 시작한다.

• 형식적 조작기: ㄱ. 가설연역적 사고가 가능하다.

054 정답 ③

• 구체적 조작기: 가역성의 개념을 획득하여 보존과제를 획득한다.

055 정답 ②

인지발달에서 환경과의 상호작용을 강조했다.

• 피아제: ① 인지발달 단계를 4단계로 구분하였다. ③ 인지발달이 학습에 선행하는 것으로 보았다.

• 비고츠키: ④ 자기중심적 언어를 문제해결의 도구로 보았다.

056 정답 ②

1) 비고츠키: 가. 적절한 학습이 발달을 촉진한다.
　　라. 아동의 인지발달을 위해 성인이나 유능한 또래와의 협동적인 상호작용이 중요하다.

2) 피아제: 나. 언어가 사고발달을 촉진하기보다는 사고가 언어발달을 촉진한다.
　　다. 아동은 혼자서 세계에 대한 폭넓은 이해를 구성하는 직은 '과학자'이다.

057 정답 ①

"언어가 사고를 발달시키기보다는 사고가 언어 발달을 촉진한다."는 피아제의 관점이다.

058 정답 ①

신뢰감 대 불신감 - (가) A. 자율성 대 수치심과 회의 - (나) B. 주도성 대 죄책감 - 근면성 대 열등감 - (다) C. 정체성 대 역할혼미 - (라) D. 친밀감 대 고립감 - 생산성 대 침체감 - 통합성 대 절망감

059 정답 ③

발달 단계별 기본 덕목은 영아기는 신뢰 또는 의지, 유아기는 목적 또는 의도, 청년기는 충성심, 성인 중기에는 배려이다.

060 정답 ③

정체성 위기의 상태에 있으며 구체적인 과업에 전념하지 못하면서 자신의 정체성에 대해 적극적으로 탐색하는 것은 정체성 유예에 해당한다.

061 정답 ③

중간체계(mesosystem)는 둘 또는 그 이상의 미시체계가 상호 관련되어 서로 영향을 주고받는 양방향 관계이다.

예 부모 - 교사관계, 가정 - 학교관계, 부모 - 또래친구관계

062 정답 ③

부모님을 기쁘게 해 드리기 위해 열심히 공부하는 것은 대인관계 조화 단계이다.

063 정답 ②

• 2단계: 개인적 쾌락주의, 아동 자신의 욕구충족이 도덕 판단의 기준

064 정답 ①

• 순서
　ㄱ. 물질적 보상과 벌 → ㄴ. 타인의 칭찬과 인정 → ㄷ. 사회적 관습과 법 →
　ㄹ. 보편적 도덕원리와 양심

065 정답 ②

ⓛ 도덕적 사고력을 길러 주기 위해서는 추상적인 도덕원리에 대한 인지발달을 중요시하였다.

ⓒ '착한 소년 · 소녀'는 3단계이다.

066 정답 ①

"남성은 정의와 개인의 권리라는 관점에서 도덕적 판단을 하는 경향이 있다"라고 주장하였다.

067 정답 ④

ㄱ. 김 교사 - 풀이 과정에 대한 시범은 모델링으로 사회인지학습이론이다.

ㄷ. 정 교사 - 도서상품권은 강화물로서 조작적 조건형성이다.

068 정답 ③

• 체계적 둔감법: 불안과 공포 등 부정적정서를 치료하는 기법으로, 긴장을 이완한 상태에서 부정적 정서를 가지게 하는 원인의 가장 낮은 단계부터 점차 경험하게 하여 부정적 정서를 극복하도록 하는 것으로 이완된 상태에서 불안을 유발하는 상황들을 생각하도록 함으로써 불안과 병존할 수 없는 이완을 연합시켜 불안을 감소 또는 소거시키는 기법이다.

069 정답 ②

① 통찰설은 쾰러, ③ 조작적 조건형성설은 스키너, ④ 목적적 행동주의설은 톨만이다.

070 　　　　　　　　　　　　　　　　　　정답 ①

- 정적 강화: 칭찬

071 　　　　　　　　　　　　　　　　　　정답 ④

착한 일을 할 때 교실청소(불쾌)를 면제(제거)한다.

072 　　　　　　　　　　　　　　　　　　정답 ①

- 고정비율
  - 스티커 10장: 비율, 바람직한 행동을 한 번 할 때마다: 고정

073 　　　　　　　　　　　　　　　　　　정답 ②

- 변동비율강화
  수학시간에 5개 칭찬, 국어시간에 3개 칭찬: 변동
  횟수: 비율

074 　　　　　　　　　　　　　　　　　　정답 ④

- 프리맥(Premack)의 원리: 학습자에게 빈번하게 발생하는 행동이 상대적으로 덜 빈번하게 일어나는 행동의 빈도를 증가시키기 위한 강화물로 사용될 수 있다는 것을 의미한다.
  예 독서를 싫어하는 아이에게 독서를 하면 좋아하는 축구를 하게 해 주겠다고 한다.

075 　　　　　　　　　　　　　　　　　　정답 ②

- 사회인지 학습이론 주요 개념 3가지
  ① 모델링 ② 대리적 조건 형성 ③ 관찰학습

076 　　　　　　　　　　　　　　　　　　정답 ③

- 사회학습이론(social learning theory)
  관찰학습, 자기조절학습(self-regulated learning)

077 　　　　　　　　　　　　　　　　　　정답 ①

연예인의 행동을 상징적 기호로 저장한다. (파지)
- 관찰학습단계: 주의집중 - 파지 - 재생(운동) - 동기화

078 　　　　　　　　　　　　　　　　　　정답 ③

- 잠재학습: 보상을 받지 않아도 과제의 학습은 어느 정도 일어난다.

079 　　　　　　　　　　　　　　　　　　정답 ①

- 행동주의(손다이크)의 시행착오학습: 문제해결을 위해 여러 가지 반응을 시도해 보는 것

080 　　　　　　　　　　　　　　　　　　정답 ①

- 감각기억
- 장기기억(long-term memory): 작업기억의 정보는 부호화 과정을 통해 장기기억에 저장된다. (일화기억: 6·25 참전, 의미기억: 1950년 한국전쟁, 절차기억: 사격방법)

081 　　　　　　　　　　　　　　　　　　정답 ③

- 조직화 전략(organization): 공통 범주나 유형을 기준으로 새로운 정보를 장기기억에 저장되어 있는 정보와 연결하는 부호화 전략이다. (개요작성 또는 개념도)

082 　　　　　　　　　　　　　　　　　　정답 ②

- 부호화(encoding): 제시된 정보를 처리 가능한 형태로 변형하는 과정으로 만약 정보가 부호화되지 않으면 그 정보는 작업기억에서 사라진다. 부호화는 정교화, 조직화, 심상을 통해 촉진된다.

083 　　　　　　　　　　　　　　　　　　정답 ②

선행학습이 새로운 학습에 영향을 미치는 것을 전이(transfer)라고 한다.
전이는 학습되었던 상황과 전이가 일어날 상황이 비슷할 때 더 쉽게 발생된다.

084 　　　　　　　　　　　　　　　　　　정답 ①

- 긍정적 전이(positive transfer): 선행학습이 새로운 학습의 이해를 촉진하는 현상 (덧셈과 곱셈)
- 수평적 전이(horizontal transfer): 한 분야에서 학습한 것을 다른 분야 또는 실생활에 적용하는 것을 말한다. (수학: 사칙연산, 물리: 공식을 이해, 물건 계산)

085 　　　　　　　　　　　　　　　　　　정답 ③

형식도야설은 연습과 훈련을 통해 주의력, 기억력, 판단력, 상상력을 향상시킬 수 있고, 결국 지적인 인간을 형성시킬 수 있다고 주장한다.

086 　　　　　　　　　　　　　　　　　　정답 ④

ㄷ. 능력심리학(faculty psychology)에 이론적 기반을 둔다.
ㄹ. 재미없고 어려운 교과를 힘들여 공부하는 이유를 정당화한다.

087 　　　　　　　　　　　　　　　　　　정답 ①

일반화설은 선행학습에서 획득된 원리나 법칙을 후속학습에 활용할 수 있을 때 전이가 일어난다고 주장하는 이론이다.

088 　　　　　　　　　　　　　　　　　　정답 ②

원인의 소재가 외적인 것은 운과 과제의 난이도이며, 안정적인 요인은 과제의 난이도이다.

089 　　　　　　　　　　　　　　　　　　정답 ②

- 배가 아픔: 내적, 배탈: 불안정, 통제 불가능

090 　　　　　　　　　　　　　　　　　　정답 ⑤

자율성, 유능감, 관계 유지 욕구는 자기결정성 이론이다.

091   정답 ④
- 학습목표(learning goal)
  나. 어려운 과제에 직면했을 때 타인의 도움을 적극적으로 요청한다.
  라. 내재적 동기가 높으며, 도전적이고 의미 있는 과제에 가치를 부여한다.
- 수행목표(performance goal)
  가. 실수를 했을 때 그것을 인정하지 않고 당황스러워 한다.
  다. 실패했을 때 자신의 노력보다는 능력의 부족에서 그 원인을 찾는다.

092   정답 ④
'잠입도형검사(Embedded Figure Test)'의 검사 점수가 높은 학생들의 인지 양식은 장독립형으로 개인 목표를 통해 동기화되며 자신이 스스로 분석하고 문제를 푸는 것을 좋아한다.

093   정답 ②
사물을 분석적으로 지각하는 것은 장 독립형이다.

094   정답 ①
② 카텔(Cattell)은 지능을 유동지능과 결정지능으로 구분하였다.
③ 가드너(Gardiner) 이론이다.
④ 스턴버그(Steraberg) 이론이다.

095   정답 ②
최 교사의 '머리가 좋으니까 나중에 어떤 직업을 갖더라도 잘 할 거예요'의 언급을 통해 스피어만(C. Spearman) 일반요인을 송 교사의 '우리 반 순희는 언어와 수리 교과는 잘 하지만, 음악이나 체육은 재능이 없어 보여요'를 통해 가드너(H. Gardner) 다중지능이론을 강 교사의 '기억력처럼 뇌발달과 비례하는 능력들도 있지만, 언어이해력과 같은 것들은 문화적 환경과 경험에 의해 발달하잖아요'를 통해 카텔(R. Cattell)의 유동지능과 결정지능을 고를 수 있다.

096   정답 ③
- 융통성: 다양한 답을 내는 것, 각기 다른 반응범주의 수로 측정

097   정답 ①
- 렌줄리(J. S. Renzulli)가 제안한 영재성 개념의 구성요인 3가지
  ① 평균 이상의 일반능력, ② 높은 수준의 과제집착력,
  ③ 높은 수준의 창의성

098   정답 ②
- 렌줄리(J. S. Renzulli)가 제안한 영재성 개념의 구성요인 3가지
  ① 평균 이상의 일반능력, ② 높은 수준의 과제집착력,
  ③ 높은 수준의 창의성

099   정답 ②
학습자의 인지구조에 알맞게 포섭·동화 되도록 학습과제를 제시하는 것은 오수벨(D. Ausubel)의 유의미학습이론이다.

100   정답 ④
(가)는 관련 정착의미이고, (나)는 유의미 학습태세이다. 주어진 학습 과제를 자신의 인지 구조에 의미 있게 관련시키려는 학습자의 성향이다.

101   정답 ④
- 지속력

$$\text{학습의 정도} = f\frac{\text{학습에사용한시간}}{\text{학습에필요한시간}} = f\frac{\text{학습기회, 학습지속력}}{\text{적성, 수업이해력, 수업의질}}$$

102   정답 ④
라, 마

$$\text{학습의 정도} = f\frac{\text{학습에사용한시간}}{\text{학습에필요한시간}} = f\frac{\text{학습기회, 학습지속력}}{\text{적성, 수업이해력, 수업의질}}$$

103   정답 ③
- 적성 처치 상호작용이론: 학교 수업 장면에서 불안수준이 낮은학습자는 강의법보다 토의법에서 성취수준이 높다.

104   정답 ③
'자극자료의 제시' 단계에서 학습을 위한 적절한 자극자료를 제시한다.

105   정답 ③
학습이나 사고에 대한 통제 및 관리 능력은 인지 전략이다.

106   정답 ①
가네는 수업이 추구하는 학습의 결과 유형에 따라서 수업을 설계해야 한다고 하였다.

107   정답 ②
체제적 수업 설계는 수업목표 외에 수업 중에 일어난 예기치 못한 상황에 즉각적으로 대처하기 힘들다.

108   정답 ②
- 설계
  수행목표 서술, 평가도구 개발, 교수전략 선정 개발

109   정답 ⑤
ㄱ, ㄴ, ㄹ, ㅁ
- 교수자 분석은 분석 단계에서 하지 않는다.

110   정답 ②
ㄱ. 최소공배수를 구하는 학습과제는 위계분석을 한다. (지적기능-위계분석)
ㄹ. 다항식의 덧셈을 하는 학습과제는 상위목표에서부터 하위목표로 분석해 나간다. (지적기능-위계분석)
ㄴ. 시간을 잘 지키는 태도를 기르는 학습과제는 군집분석을 한다. (태도는 통합분석)
ㄷ. 각 나라와 그 수도를 연결하여 암기하는 학습과제는 통합분석을 한다. (암기는 군집분석)

111 정답 ③

설정된 출발점 행동을 본시수업 초기단계에서 가르치지 않는다.

112 정답 ①

형성평가는 일대일평가, 소집단평가, 현장평가 등을 실시한다.

113 정답 ③

교수 프로그램 설계 및 개발 과정을 주도한 교수설계자가 형성평가를 실시할 것을 권한다.

114 정답 ①

ㄴ-ㄹ-ㄱ-ㄷ
• ㄴ. 학습과제 분석 → ㄹ. 구체적 행동목표 진술 → ㄱ. 수업전략 개발 → ㄷ. 형성평가 실시

115 정답 ①

• 줌인(zoom-in), 줌아웃(zoom-out)은 정교화 이론이다.

116 정답 ⑤

ㄴ, ㄷ, ㄹ
• ㄱ. '교수의 조건'이란 교수설계자나 교사가 통제할 수 없는 것이다.

117 정답 ①

메릴(M. D. Merrill)의 내용요소제시이론은 미시적 접근이론이며 객관적 접근 방법이다. 따라서 개방적 체제로 구성되어서 지식의 전체적·통합적 이해 관점에 적합하지 않다

118 정답 ④

켈러(J. Keller)가 제안한 동기설계에 관한 ARCS 모형은 학업성취 향상에 간접적인 영향을 준다.

119 정답 ④

• 성공적 학습 결과에 대한 긍정적 피드백 제공
  관련성: ① 친밀한 인물이나 사건의 활용
  주의: ② 비일상적인 내용이나 사건의 제시
  자신감: ③ 쉬운 것에서 어려운 것의 순서로 과제 제시

120 정답 ①

• 포럼(forum): 전문가 1~3명이 자신의 의견을 청중 앞에 발표하고 발표한 내용을 중심으로 여러 명의 청중과 질의 응답하는 방법이다.

121 정답 ②

• 원탁토의: 자유로운 분위기에서 구성원 모두가 발언할 수 있는 기회를 가질 수 있도록 안내

122 정답 ④

교사가 의도한 최종 결론의 도출은 토론수업의 교육적 기대 효과가 아니다.

123 정답 ②

ㄱ, ㄴ
• ㄷ. 협동학습으로는 정해진 시간에 다양한 지식을 전달하기 힘들며, 교사의 의사대로 수업시간과 학습량에 대한 조절이 어렵다.

124 정답 ④

• 과제분담학습 I(Jigsaw I)
  과제의 상호의존성은 높고 보상의존성은 낮은 협동학습 모형은 과제분담학습 I(Jigsaw I)이다.

125 정답 ①

해당주제를 학습한 후 모집단으로 돌아가는 것은 직소모형이다.

126 정답 ④

모든 학생들에게 퀴즈를 실시하여 개인 점수를 부여하고, 이를 지난번 퀴즈의 개인 점수와 비교한 개선 점수를 주며 개선 점수의 합계를 근거로 우수 팀을 선정하는 것은 성취과제분담학습(Student Teams-Achievement Division)이다.

127 정답 ③

• 팀 보조 개별학습(TAI)모형
  진단검사를 통해 각자의 수준에 맞는 학습과제를 교사의 도움 아래 개별적으로 학습하는 모형은 팀 보조 개별학습(TAI)모형이다.

128 정답 ④

구성주의는 학습과정에서 학습자의 능동적 참여와 문제해결 수행 여부를 중시한다.

129 정답 ④

구성주의는 외재적 동기의 강화를 강조하지 않는다.
행동주의는 외재적 동기를 강조한다.

130 정답 ②

수업 과제를 구체적으로 분석하여 사전에 수업목표를 설정하는 것은 객관주의다.

131 정답 ④

객관주의가 복잡한 지식과 기능은 되도록 단순화하여 명료하게 제시한다.

132 정답 ④

초심자가 전문가와의 토론이나 초심자 간의 토론을 통하여 사회적 학습행동을 습득하고 자신의 인지적 활동을 통제하면서 인지능력을 개발하는 것은 인지적 도제학습 이론이다.

133   정답 ①
- 정착 수업(anchored instruction): 영상매체활용

134   정답 ①

상보적 교수(reciprocal teaching) 모형은 학생들의 읽기와 듣기 이해력 향상을 위한 네 가지 핵심 전략으로 요약(summarizing), 질문(questioning), 명료화(clarifying), 예언(predicting) 등을 제시하였다.

135   정답 ④
- 적용 사례들을 제시해 줌으로써 다양한 형태의 지식을 다각도로 체험하게 하는 것은 인지적 융통성 이론(Cognitive Flexibility Theory)이다.

136   정답 ⑤
- 다양하고 많은 사례: 해당 개념이 각기 다른 관점에서 여러 사례에 적용된 1분 안팎의 동영상 5~6개

137   정답 ③

실제 상황과 관련된 문제로 학습활동을 수행한다.

138   정답 ②

평가는 과정 중심적이며 자기평가를 강조한다.

139   정답 ④

평가는 과정 중심적이며 자기평가를 강조한다.

140   정답 ⑤

프로젝트와 관련된 사례

141   정답 ②
- 교수활동
  ① 코칭(coaching) ② 비계설정(scaffolding) ③ 모델링(modeling)

142   정답 ①

블렌디드 학습(blended learning)

143   정답 ③

전통적인 면대면 교육에 비해 교사의 통제가 없어 학습자들의 중도탈락률이 상대적으로 높다.

144   정답 ②

나. 비대면 수업을 위주로 한다.
마. 시간을 초월하기 쉽다.

145   정답 ③
- 학습자 분석 - 목표진술 - 매체와 자료의 선정 - 매체와 자료의 활용 - 학습자 참여유도 - 평가와 수정

146   정답 ④

매체와 자료의 활용단계이다.

147   정답 ①
- 3단계 S는 교육방법, 미디어, 교수자료 선택: 학습목표 달성을 위해 적절한 수업 방법, 매체 및 자료를 선정한다.

148   정답 ③

슐만(Shulman, 1986)은 교수자가 교과 내용에 대한 지식을 많이 알고 있다고 해서 학습자를 잘 가르치는 것은 아니라는 점을 지적하면서 교수지식(pedagogical knowledge)과 내용지식(content knowledge)을 통합한 교수내용지식(pedagogical content knowledge: PCK)을 제안하였다. 그리고 미시라와 콜러(Mishra & Koehler, 2006)는 PCK의 아이디어를 발전시켜서 테크놀로지 활용 수업을 위해 TPACK 모형을 제안하였다.

149   정답 ①

교과에서 설정한 학습목표는 준거이다.

150   정답 ③
- 규준지향평가: 선발적 교육관
- 준거지향평가: 발달적 교육관

151   정답 ②

쉬운 문항과 어려운 문항이 적절히 포함되고, 중간 수준 난이도 문항이 다수인 시험 점수 분포는 A이며 표준편차가 가장 큰 분포는 가장 넓게 분포되어 있는 A이다.

152   정답 ①

z-점수는 1.0이다.

153   정답 ②

Z는 1은 백분위 84%

154   정답 ②

준거지향평가(criterion-referenced evaluation)는 등수보다 우리 아이가 무엇을 할 줄 아는지를 더 알고 싶어하는 것이다.

155   정답 ②

평가 기준의 근거가 되는 것은 성취 목표이다.

156   정답 ④

- 규준지향평가: 신뢰도 강조
- 준거지향평가: 타당도 강조

157   정답 ④

- 규준참조평가: ㄱ. 학생들의 상대적 서열에 초점을 맞춰 능력의 변별에 관심을 둔 평가이다.
- 준거참조평가: ㄴ. 학생들의 성장단계를 고려해 학년별 성취목표의 달성 여부에 관심을 둔 평가이다.
- 능력참조평가: ㄷ. 학생들이 자신의 능력수준에서 그 능력을 얼마나 발휘하느냐에 관심을 둔 평가이다.
- 성장참조평가: ㄹ. 교수 · 학습 과정을 통한 변화에 관심을 두며 초기 능력 수준에 비해 얼마만큼 능력의 향상을 모였느냐를 강조하는 평가이다.

158   정답 ②

능력참조(ability-referenced) 평가는 학생들에게 각자의 능력에 맞는 평가 기준의 적용이 가능하다.

159   정답 ③

학생들의 선수 학습 정도를 파악해 보기 위해서이다.

160   정답 ②

- ㄴ: 진단평가, ㄱ: 형성평가, ㄷ: 총합평가

161   정답 ②

수업 전 학습곤란 정도를 파악하는 것은 진단평가이다.

162   정답 ③

- 진단평가: ㄱ. 학습이 시작되기 전에 학생의 특성을 체계적으로 관찰, 측정하는 평가이다. ㄷ. 학생의 성취 정도를 판단하여 정치(定置)한다.
- 총괄평가: ㄹ. 준거참조평가와 규준참조평가를 혼용하여 사용한다.

163   정답 ④

학생들이 자주 범할 수 있는 오류의 유형을 확인할 수 있도록 답지를 구성한다.

164   정답 ③

형성평가에서는 교사가 제작한 검사가 바람직하다.

165   정답 ①

교수 · 학습이 완료된 시점에서 교육목표의 달성 정도를 종합적으로 판정하는 평가는 총괄평가(summative evaluation)이다.

166   정답 ④

ㄱ, ㄴ, ㄷ 모두 옳은 설명이다.

167   정답 ④

인상의 오류(error of halo effect)이다.
첫 느낌이 좋지 않았어요. 그래서 연기력도 별로인 것 같아 낮은 점수를 주었어요.

168   정답 ①

수행평가는 신뢰도가 낮다.

169   정답 ②

일기장, 미술작품집, 연습장, 과제일지는 포트폴리오법이다.

170   정답 ④

가. 과정과 결과 둘 다 중요하다.
나. 신뢰도는 낮으나, 타당도는 높은 경향이 있다.

171   정답 ②

ㄱ. 난이도가 어려울수록 변별도는 높아질 수도 낮아 질 수도 있다.
ㄴ. 정답률이 50%인 문항의 변별도는 다양하다.

172   정답 ①

상위학습자가 많이 맞힌 문항 1

173   정답 ③

문항난이도는 검사에 나타난 각 문항의 어렵고 쉬운 정도이다.
① 높은 계수가 산출되면 쉬운 문항을 의미한다.
② 각 문항에 대한 전체 피험자집단의 반응 중 정답자 비율로 산출된다.
④ 문항배열순서를 정하는 것은 문항순서집이다.

174   정답 ④

문항 4는 능력 수준이 높은 사람들을 변별하는 데에 적합하다.
① 문항 1은 능력 수준이 낮은 사람들을 변별하는 데에 적합하다.
② 문항 2는 문항 1보다 변별도가 낮다.
③ 문항 3은 문항 4보다 변별도가 낮다.

175   정답 ③

문항2가 문항3보다 문항변별도가 낮다.
① 문항2의 문항난이도 지수는 0에 가깝다.
② 문항1이 문항2보다 문항추측도가 낮다.
④ 문항1은 능력 수준이 낮은 피험자들을 변별하는 데 적합하다.

176　　　정답 ②

• 재검사 신뢰도
　① 예언 타당도, ③ 공인 타당도, ④ 내용 타당도

177　　　정답 ①

구인 타당도는 심리적 특성을 이루고 있는 하위 구인들이 실제로 검사 도구에 구성되고 있는지를 측정하는 것이다.

178　　　정답 ①

이원분류표에 근거한 타당도는 내용타당도이다.

179　　　정답 ②

비슷한 두 개의 검사는 동형검사 신뢰도이다.

180　　　정답 ④

각각의 문항을 하나의 검사로 간주하여 문항들 간의 유사성을 측정하는 것은 문항내적일관성 신뢰도이다.

181　　　정답 ③

검사문항을 반으로 나누어 신뢰도를 추정하는 것은 반분 신뢰도이다.

182　　　정답 ②

검사자의 신뢰도는 객관도이다.

183　　　정답 ④

객관도를 높이기 위해 동일한 문항을 여러 명이 채점하게 한다.

184　　　정답 ①

서술형 문항의 객관적인 채점을 위해서 학생단위가 아닌 문항단위로 채점한다.

185　　　정답 ④

비율척도(ratio scale): 절대 영점과 가상적 단위를 지니고 있으며 측정단위의 간격 간에 동간성이 유지되는 척도이다. 예를 들면, 키, 몸무게, 나이 등을 들 수 있다.

186　　　정답 ③

상황에 맞춰 검사의 실시, 채점, 결과의 해석을 융통성 있게 변경해서는 안된다.

187　　　정답 ②

교육활동을 지원하기 위한 보조적 활동으로 보는 견해는 조건정비론이다.

188　　　정답 ⑤

'교육행정에 대한 관점'은 교육행정을 교육목표의 효과적 달성에 필요한 조건을 정비·확립하는 수단적 활동으로 보는 입장이다.
①~④: '교육에 관한 행정'

189　　　정답 ②

교육행정의 원리 중 지방분권과 중앙집권의 적정한 균형을 유지하려는 것과 가장 관계가 깊은 원리는 적도집권의 원리이다.

190　　　정답 ①

현재는 중앙과 지방의 조화를 강조한 적도집권의 원리를 중요시한다.

191　　　정답 ④

정책결정 과정에 국민의 참여기회 확대

192　　　정답 ①

학교관리에 있어 비용-편익의 효율성을 강조한다.

193　　　정답 ②

과학적 관리론에서 인간은 금전적 보상이나 처벌의 위협에서 일할 동기를 얻는다고 본다.

194　　　정답 ③

교육에서의 낭비 요소를 최대한 제거하여야 한다.는 과학적 관리론 입장이다.

195　　　정답 ④

부서 및 개인 활동의 조정이 용이하지 않다.

196　　　정답 ③

학교는 교육부와 교육청과 연계되어 있으며 교사의 교육활동은 학교 안팎으로 이루어진다.

197　　　정답 ③

민츠버그(Mintzberg)는 전문적 관료제를 주장하였다.

198　　　정답 ④

전문적 관료구조조직의 주요 부분은 핵심 작업층이다.

199　　　정답 ③

제시문은 인간관계론으로 ㄴ의 인간관계, ㄹ의 교사 동호회
ㄱ. 조직 구성원 간의 권위의 위계가 명확하다. : 관료제
ㄷ. 교사와 행정직원의 역할 구분이 명확하여 교사는 가르치는 일에 전념한다. : 관료제
ㅁ. 교원 평가 결과를 바탕으로 성과 상여금을 지급한다. : 과학적 관리론

200 정답 ②

학교행정가는 구성원의 참여를 보장하고 교직원의 사기와 인화를 촉진해
야 한다.

① 학교행정은 계획, 조직, 명령, 조정, 통제의 과정을 거쳐 이루어져야 한다. :
　페이욜의 행정행위 5 요소
③ 학교행정가는 학교를 하나의 사회체제로 파악하여 체제적 관점에서 접근
　해야 한다. : 체제이론
④ 학교의 비효율과 낭비를 제거하고 관리의 효율성을 극대화하기 위해서는
　학교 구성원 및 과업에 대한 체계적인 관리가 필요하다. : 과학적 관리론

201 정답 ⑤

• ㄷ(과학적 관리론) → ㄴ(인간관계론) → ㄱ(행동과학론)

202 정답 ①

학교조직이 위기상황에 처하게 되면 인성보다 역할의 지배를 더 많이 받는다.

203 정답 ③

• 페이욜의 행정행위 5 요소: 기획-조직-명령-조정-통제

204 정답 ④

고객의 참여결정권도 없으며 조직의 고객선택권이 없는 것은 공립학교로서
유형 IV에 해당한다.

205 정답 ③

공립학교처럼 조직이 그 조직에 들어오는 사람을 통제할 수 없고, 조직의 고
객도 그 조직에 참여하는 것을 스스로 선택할 수 없는 조직유형은 사육 조직
또는 온상조직이다.

206 정답 ③

• 계선 조직(line organization)은 조직도의 수직적인 라인에 있는 부서로, 상
하 위계 속에서 지휘와 명령 계통에 따라 업무를 직접 수행하는 조직이다.
　예 학교의 교무 분장 조직 등으로 업무의 통일성, 능률성, 책임성을 중시
　한다.
• 참모 조직(staff organization)은 계선조직이 의사결정이나 업무를 원활히
수행할 수 있도록 전문적인 자문이나 조언을 하는 조직이다.
　예 학교운영위원회 등이 참모조직
• 보조 조직(auxiliary organization)은 계선 조직과 참모 조직 이외에 어느
정도 독립성을 지닌 지원 조직으로 주로 대규모의 조직에서 나타난다.

207 정답 ②

㉠은 도덕적 참여인 헌신에 해당한다. ㉡은 군대나 교도소에 해당한다. ㉢은
보상으로 통제하며 ㉣에 해당하는 것은 일반회사이다.

208 정답 ④

학교가 에치오니(A. Etzioni)의 구분에 의한 규범조직의 성격이 강할 때 구성
원은 헌신적 참여를 한다.

209 정답 ③

• 개방풍토(open climate): 학교 구성원 간 협동, 존경, 신뢰가 형성되고, 교
장은 교사의 의견과 전문성을 존중하며, 교사는 과업에 헌신하는 풍토
• 몰입풍토(engaged climate): 교장은 비효과적인 통제를 시도하지만, 교사
는 이와는 별개로 높은 전문적 업무수행을 하는 풍토
• 일탈풍토(disengaged climate): 몰입풍토와 반대로, 교장은 개방적이고
지원적인데 반해 교사는 학교장을 무시하거나 무력화하려 하고, 교사 간
불화와 편견이 심하고 헌신적이지 못한 풍토
• 폐쇄풍토(closed climate): 개방풍토와 반대로, 교장은 일상적이거나 불필
요한 잡무만을 강요하고 엄격한 통제를 시도하는 반면, 교사는 교장과 불
화하고 업무에 대한 관심과 책임감이 결여된 헌신적이지 못한 풍토

210 정답 ③

수직적인 위계 특성은 조직화된 무질서의 특징과 관련이 없다.

211 정답 ④

조직화된 무질서 조직은 교육 조직의 목적이 구체적이지도 분명하지도 않다.

212 정답 ①

코헨은 학교 조직의 유형을 조직화된 무정부로서의 학교로 보았다. 그에 의
하면 학교는 학교 구성원들의 참여가 유동적이며 간헐적이고, 교육 조직의
목적이 구체적이지도 명료하지도 않다.

213 정답 ④

성장욕구는 자아실현의 욕구이다.

214 정답 ①

차등성과급을 이용하여 조직구성원의 동기를 조절하려고 한다. : X 이론관점

215 정답 ③

교사의 직무만족감 증진에 가장 크게 기여하는 것은 학생의 존경이다.

216 정답 ①

브룸(V. H. Vroom)의 기대이론은 유인가, 성과기대, 보상기대의 세 가지 기
본 요소를 토대로 이론적 틀을 구축하였다.

217 정답 ③

기대 이론은 동기를 개인의 여러 가지 자발적인 행위 중에서 자신의 선택을
지배하는 과정으로 본다.
①은 허즈버그(F. Herzberg)의 동기 - 위생이론,
②는 포터와 로울러(Porter & Lawler)의 성취-만족이론,
④는 아담스(Adams)의 공정성 이론이다.

218   정답 ①

아담스(Adams)의 공정성이론에 따르면 사람이 다른 사람과 비교해서 과소
보상을 느끼면 직무에 시간과 노력을 더 많이 투입하지 않는다.

219   정답 ①

· 구성원의 성숙도: 허시(Hersey)와 블랜차드(Blenchard)

220   정답 ③

설득형(selling) – 높은 과업행동과 높은 관계행동에 적합하다.
① 참여형(participating) – 높은 과업행동과 낮은 관계행동에 적합하다. : 지
  시형
② 위임형(delegating) – 낮은 과업행동과 높은 관계행동에 적합하다. : 참
  여형
④ 지시형(telling) – 낮은 과업행동과 낮은 관계행동에 적합하다. : 위임형

221   정답 ①

㉠: 지도자 구성원 관계, ㉣: 과업구조, ㉤: 지도자 지위권력

222   정답 ④

교사들에게 학교경영의 비전을 제시하고 사명감을 고취시키는 것은 변혁적
지도성이다.

223   정답 ③

변혁지향적 리더십은 지도자가 구성원들의 조직 문제에 대한 인식 수준을
끌어올리기 위해 노력한다.

224   정답 ①

도덕적 품성과 인간에 대한 신뢰를 강조하는 것은 변혁 지향적 지도성이다.

225   정답 ②

	아니오 ← 성공 → 예	
예 ↑ 선의 ↓ 아니오	I 도덕적인 학교	II 도덕적이고 효과적인 학교
	III 비도덕적이고 비효과적인 학교	IV 정략적인 학교

226   정답 ②

ㄱ, ㄴ, ㄷ은 옳은 선지이다.
· ㄹ. 혼합모형(mixed-scanning model): 합리모형 + 점증모형

227   정답 ④

· 합리성 모형: 인간의 합리성에 대한 비판을 받음

228   정답 ①

· 국민이 교육받을 수요가 얼마나 되느냐에 기초하여 교육기획을 수립하는
  방법

229   정답 ①

① 사회수요에 의한 접근법에 대한 설명이다.
②, ③ 인력수요 접근법에 대한 설명이다.
④ 수익률 접근법에 대한 설명이다.

230   정답 ①

· 공동의 가치에 대한 인식, 전문가의 식견에 대한 신뢰 등이 전제되는 것은
  참여적 관점

231   정답 ④

[조하리의 창]

	자신에게 알려진 영역	자신에게 알려지지 않은 영역
타인에게 알려진 영역	개방(open)	무지(blind)
타인에게 알려지지 않은 영역	은폐(hidden)	미지(unknown)

232   정답 ②

장학은 관리 – 협동 – 수업 – 발달 장학순으로 발달하였다.

233   정답 ③

김 교사 :임상장학, 박 교사 :자기장학, 이 교사 :컨설팅장학

MEMO